www.tredition.de

AF138210

Zwischen Baum und Borke

Gedichte und Geschichten
aus dem
„Lübbener Autorentreff"

Ralph Ronneberger (Hrsg)

© 2021 Herausgeber Ralph Ronneberger

AutorInnen:	Horst Schulze, Monikas Schubert, Ralph Ronneberger, Klaus Friedrich, Ilona Noack, Helga Lehmann-Kuhnt, Brigitte König, Sybille Grunert, Ingrid Groschke, Gabriele Friedrich und Gisela Christl.
Umschlag:	Sybille Grunert,
Illustration:	Sybille Grunert, Ingrid Groschke, Monika Schubert
Korrektorat:	Ralph Ronneberger

Verlag & Druck: tredition GmbH,
Halenreie 40-44, 22359 Hamburg

ISBN
Paperback   ISBN Paperback 978-3-347-41429-7

Hardcover   ISBN Hardcover 978-3-347-41430-3

e-Book   ISBN e-Book 978-3-347-41431-0

Inhaltsverzeichnis

Gabriele Friedrich 193

Gisela Christl 196

Der Lübbener Autorentreff

Der „Lübbener Autorentreff" ist kein Verein, wie man vielleicht vermuten könnte. Es handelt sich vielmehr um eine Gruppe von Leuten, die einfach nur Spaß am Schreiben haben. Sie treffen sich mindestens einmal im Monat, um sich über ihr Hobby auszutauschen, ihre Texte zu Gehör zu bringen und sie zur Diskussion zu stellen. Im Vordergrund steht der gegenseitige Meinungsaustausch über die vorgetragenen Texte, wobei auch Wert auf Kritik gelegt wird, die wiederum zu Anstößen für eventuelle Überarbeitungen führt.

Es gibt den, vom, leider schon so früh verstorbenen, Bernd Juds, sowie Harald Lindstädt, Ingrid Groschke und Ralph Ronneberger gegründeten und rasch an Mitgliedern zunehmenden „Lübbener Autorentreff" bereits seit rund achtzehn Jahren. Bei zahlreichen Lesungen innerhalb unserer Region wurden schon viele Werke einem interessierten Publikum vorgestellt. Das durchweg positive Echo in der Regionalpresse war für die Mitglieder ein zusätzlicher Ansporn.

Natürlich unterlag die Gruppe in dieser langen Zeit einer gewissen Fluktuation. Momentan sind es elf Autoren, die wir zum Stamm zählen dürfen und die sich hier in diesem kleinen Buch mit einigen ihrer Werke vorstellen wollen. Nach unseren bereits 2014 und 2018 unter den Titeln „Autorenmix" und „Autorenmix II" vorgelegten Anthologien ist dies nun die dritte Textsammlung dieser Art.

Dass es unter den Autoren auch drei Kunstmalerinnen gibt, darf als eine besondere Bereicherung unseres Autorentreffs und auch des vorliegenden Buches gewertet werden.

Was Inhalt und Form angeht, so unterscheiden sich die Autoren in ihren präsentierten Texten zum Teil beträchtlich. Und das ist gut so. Wir sind froh, auf eine derartige Vielfalt zurückgreifen zu können.

Aber lesen Sie selbst.

Horst Schulze

Horst Schulze wurde 1934 in Lübben als Sohn eines Textilarbei-
terehepaares geboren und wuchs in einem sozialdemokratisch ge-
prägten Elternhaus auf.

Es folgten Forstfacharbeiterlehre, Abitur, Forsttechnisches Stu-
dium in Moskau, danach eine Assistenzzeit im Forstwirtschaftsbe-
trieb Lübben, bevor er in der Oberförsterei in Straupitz tätig war.

Durch seine kritische Haltung zur Landwirtschaftspolitik der DDR
kam er mit den Staatsorganen in Konflikt, verlor seine Arbeitsstelle
und musste seine Heimatstadt verlassen.

Er übersiedelte nach Potsdam und begann dort neu im Berufszweig
der Holzbearbeitung.

Er projektierte Industriebetriebe, entwickelte Wirtschaftspatente,
war bei internationalen Verhandlungen anerkannter Fachmann und
gefragter Simultanübersetzer.

Wegen seiner kritischen Einstellung zur Wirtschaftspolitik in der
DDR wurde er 1989 mit Berufsverbot belegt. Trotzdem war er ge-
wählter Wortführer der Belegschaft bei einem Streik. Die Aktivitäten
mündeten in die ersten Protestdemonstrationen, welche in der Folge-
zeit die Wende einleiteten.

Einen Teil seiner Lebenserfahrungen hat er in einer Trilogie
„Sternmarsch gen Lübben" festgehalten, wobei ihn das Jahr 1945 be-
sonders prägte.

Der Autor lebt heute in Lübben.

Wenn das der Führer wüsste

Die Schulglocke bimmelte. Die Pause war zu Ende und wir drängelten uns in den Klassenraum hinein.

Neben dem Lehrerpult standen noch immer die drei Neuen – ein Großer und zwei Kleine, wie sie zu Beginn des Unterrichts von Fräulein Trettenborn hereingeführt wurden.

Als sich der Klassenraum füllte, wollten die beiden kleinen Buben ins Freie flüchten, doch die Trettenborn passte auf.

Die Tür öffnete sich und in ihrem Rahmen erschien der Lehrer Fehlhaber. Wir sprangen auf und nahmen Haltung an.

„Was sucht denn der hier?", zischte Banknachbar Heinz in meine Richtung.

„Heil Hitler!"

Die von uns gebrüllte Antwort „Heil Hitler, Herr Lehrer!" gehörte an den Anfang jeder Schulstunde.

„Frau Markhoff ist heute im Auftrag der Nationalsozialistischen Frauenschaft unterwegs. Ich übernehme die Vertretung."

„Das hat uns gerade noch gefehlt", schimpfte ich zum Heinz hin.

„Ruhe da hinten!", bellte Fehlhaber in meine Richtung.

Dann umrundete der Lehrer das Pult und fragte verärgert: „Was hat dieser Aufmarsch zu bedeuten?"

Mit hochgezogenen Brauen taxierte er die drei Neulinge, die sich wie verschreckte Schafe im Gewitter zusammen drängelten: Haare verfilzt, Hemdkragen angeschmuddelt, Ärmel durchgescheuert, Hosen geflickt, Socken kaputt und Schnürsenkel aus Papierstrippe. Die Neuen zogen den Kopf zwischen die Schultern, pressten die Lippen zusammen und schwiegen.

„Ich habe etwas gefragt!"

Die Lippen pressten noch heftiger. Unser Klassenprimus sprang auf und meldete: „Herr Lehrer, die sind gekommen von hinter Posen wegen Begradigung der Ostfront und müssen bei uns noch rein, weil die anderen Klassen schon proppenvoll sind. Nach dem Endsieg hauen die aber wieder ab."

„Hinter Posen? Also Beutepreußen. Könnt ihr Deutsch?" Der ironische Zug in den Mundwinkeln nahm dem gefürchteten Lehrer etwas von seinem Schrecken. Die gebeutelten Preußen schwiegen verbissen vor sich hin und dem Kleinsten kamen die Tränen.

„Ein deutscher Junge heult nicht! Kann nicht bis drei zählen und will in die vierte Klasse. Setzen!"

Die Augen der Heimatlosen durchkämmten auf der Suche nach einem Sitzplatz die Bankreihen, doch auch hier schien es so zu sein, wie sie es zuvor wochenlang in vielen Orten an der Fluchtstraße hörten: *Alles voll – zieht weiter.*

Als die genarbte Faust des einarmigen Lehrers auf den Tintenfassdeckel des Pultes paukte, spurteten sie ziellos in den Raum hinein. Neben mir sprang Heinz aus der Bank und der Große begriff sofort. Er rutschte flink in unsere Mitte und streckte uns seine Hand entgegen: „Tach, ich bin Eberhard."

„Mann, von hinter Posen kommst du? Ich habe keine Ahnung, wo das liegt", staunte ich.

„Quatsch, ich bin Oberschlesier."

Das Kreidestück prallte gegen meine Schläfe und klirrte als Querschläger an die Fensterscheibe. Die Blicke des strengen Lehrers durchbohrten mich wie Pfeile und ich kam erst wieder hinter dem breiten Rücken des Vordermanns hoch, als die Lehrerhand nach dem Klassenbuch griff.

„Das kenne ich, Tieffliegerbeschuss," hauchte Eberhard mitfühlend und ich nahm mir vor, mit ihm mein Pausenbrot zu teilen.

„Ein Lied!", schallte es vom Pult herunter.

Jochen sprang auf. „Am Brunnen vor dem Tore, Herr Lehrer!"
Fehlhaber zog die Augenbrauen in die Höhe und spielte den Erstaunten. „Bin ich hier in einer Klosterschule? Deutschland wird ringsherum von Feinden berannt und bei dir plätschert der Brunnen?" Dann erinnerte sich der Lehrer, dass Jochens großer Bruder Flugzeugführer war und das Eiserne Kreuz an der Uniform trug. Er wurde freundlich: „Du kennst doch bestimmt ein richtiges deutsches Lied, mein Junge."

Auf Jochens Stirn kräuselten sich die Falten, doch ihm fiel kein Deutsches ein.

„Wer kennt?"

Keiner kannte.

„Das gibts doch nicht!" Die Igelfrisur auf Fehlhabers Kopf sträubte sich.

„Ich, Herr Lehrer."

„Und?"

„Es zittern die morschen Knochen!"

„Jawollja, das passt in unsere Zeit rein, wie die Faust aufs Auge. Alles auf! Drei-vier!"

„Lied aus! Das ist ein Kampflied und kein Schunkelwalzer. Ich will die morschen Knochen zittern hören. Das Ganze noch einmal!"

Jetzt brüllten achtundvierzig Kehlen aus Freude am Krach und in der Hoffnung auf baldigen Fliegeralarm, die morschen Knochen gegen die Zimmerdecke:

Wir werden weiter marschieren,
bis alles in Scherben fällt.
Denn heute gehört uns Deutschland
und morgen die ganze Welt

„Ausgezeichnet!"

Fehlhaber hatte Tritt gefasst und kam zur Sache: „Heldenehrung!!!"

Hierbei ging es um frisch gefallene Väter, die mit einer Schweige-minute geehrt wurden. Diese Zeremonie begann bei uns schon in der zweiten Klasse, als Wolfgangs Vater in Russland gefallen war, doch heute meldete sich niemand. Die übrig gebliebenen Väter lebten also noch.

„Hausaufgabenkontrolle!", lautete der nächste Befehl.

Das holzgesprenkelte Kriegspapier der Schreibhefte raschelte in den Schulranzen. Dann schwebte das Damoklesschwert über der Klasse und der Lehrerfinger zielte auf die erste Bankreihe.

„Aufschlagen!"

Rolfs Hände flatterten wie Schmetterlinge durch das Heft und deckten die Arbeitspflichten auf. Das war die Stunde der Wahrheit, auf die sich Fehlhaber jeden Tag mächtig freute, denn in ihr sonderte sich der Weizen von der Spreu. Diese Stunde zeigte, worin das arische Blut den Gesetzen der Vorsehung folgte, in den noch formlosen Körpern fließen würde. Es strömt entweder kraftvoll hinauf in die sendungsbewusste Elite der Führerpersönlichkeiten, oder es plätschert hinunter in die feldgraue Masse des Gefolges. Jedem das Seine! Doch gebraucht werden sie alle, die da oben, und auch die von ganz unten. *Jeder an seinem hingestellten Platz,* wie es der Führer sagen würde.

Es ging in diesen stürmischen Tagen letztendlich um Sein oder Nichtsein von Führer, Volk und Vaterland. Es ging um alles oder nichts!

Fehlhaber zückte seine Taschenuhr und griff dann hastig zum nächsten Heft. „Alles richtig. Bei wem hast du abgeschrieben?"

„Bei keinem, Herr Lehrer!"

„Dann wolln wir das mal glauben." Seine Pupillen schnürten auf der Suche nach Spreu jetzt emsiger durch das Zeilendickicht der Hausaufgaben.

„Aha!" Fehlhaber spurtete triumphierend zur Tafel. Unter der schwungvoll kreisenden Lehrerhand erschien auf der schwarzen Fläche das Wort THRON.

„Wer es anders hat, hat Fehler!", rief er begeistert.

Ich konnte es mir nicht verkneifen und stieß dem Eberhard in die Rippen: „Davon hat der seinen Spitznamen bekommen!"

„Warum wird THRON mit „h" geschrieben?" wollte Fehlhaber jetzt wissen. Zwei Finger schnipsten. „Du da hinten."

„Als man dem Kaiser die neue Rechtschreibung vorgelesen hatte, hat der Kaiser gesagt, an meinem Thron darf nicht gerüttelt werden, hat der Kaiser da gesagt."

„Richtig, setzen." Der Lehrerfinger zeigte auf Martin, der in der ersten Bankreihe hockte und sich nicht verstecken konnte: „Der demontiert den Thron des Kaisers, wie nennt man das?"

Alle Köpfe versanken zwischen die Schultern und Fehlhaber stöberte weiter durch das Geschriebene.

„Unser hochverehrter Reichspräsident hieß nicht Hinneburg und die Entente hat 1918 nie und nimmer das Deutsche Reich besiegt. Der Dolchstoß kam von hinten, wie seinerzeit beim Siegfried. Ich weiß das genau, denn ich bin schließlich dabei gewesen! Wenn die Heimat uns mit ihrer Novemberrevolution nicht in den Rücken gefallen wäre, stünden wir heute noch bei den Kaffern und Hottentotten in Deutsch-Südwestafrika!"

Der Lehrer spielte den Gekränkten, ging zu seinem Pult, sackte auf den Stuhl und hielt sich die Hand vor das Gesicht: „Das muss mir passieren! In meiner Stunde! **Wenn das der Führer wüsste!**"

Nun gehörte Martin also zu den Novemberverbrechern, denn so nennt man die Revolutionäre welche 1918 den Kaiser stürzten. Ich fühlte mit Martin, denn auch mein Vater hatte damals als junger Soldat gegen die Generäle rebelliert.

In Fehlhaber brodelte die Empörung und sein Armstumpf zielte wie eine Kanone auf den Feind, als er das zitternde Jungchen anschnauzte: „Wegen der Schwere der Fehler wird die Strafe verdoppelt, sechs Ex!"

Das zischend durch die Zahnlücke heraus gepresste Urteil verkündete die Anzahl der Stockhiebe, die ein Übeltäter bei der Auspeitschung auf das Hinterteil erhielt. Bei uns hieß das Zischen *Exekution.* Man wurde zwar nicht erschossen, doch die Ängste davor und die Schmerzen danach ähnelten sich.

Martin trabte mit krummem Buckel zur Richtstätte nach vorn und siebenundvierzig Lippenpaare beteten: *Lieber Gott, bitte mache, dass ich keinen Fehler habe.*

Dann schlug das Urteil bei Willi zu: „Zwei Ex!"

Als nächsten hatte es Fritzchen erwischt. Den kleinen Jungen hatte man halb tot in einem Flüchtlingstreck gefunden und ihn im Krankenhaus wieder auf die Beine gestellt. Er teilte nun mit anderen Vertriebenen draußen vor der Stadt in Wiesenau das Strohlager einer Scheune. Fritzchen verstand nicht sofort was der zornige Lehrer von ihm wollte. Als ihn der Nachbar in die Seite stieß, rannte er dem Willi hinterher.

Dann stand Fehlhaber neben mir. „Aha das vorlaute Bürschchen!" Die Igelbürste beugte sich über meine Hausaufgaben und der Rotstift fuhrwerkte durch die Zeilen. Zwischen den Lippen zischte es: „Vier Ex und eine für die Störung des Unterrichts, macht fünf!"

Ich schlurfte nach vorn.

Die erste Stufe der Exekution war das Warten. Viele Schüler kannten das schon und ich erfuhr es jetzt wieder. Beim Warten kamen die Gedanken, welche die Seele für die Exekution weichklopfen sollte. Das Warten machte den Sträfling mürbe und hilflos. Der Übeltäter sollte verzweifeln und bereuen, Abbitte leisten und hundert Eide der

Besserung schwören. Doch die Reue wollte sich bei mir nicht einstellen, das Betteln auch nicht und stattdessen schwor ich Rache.

„Tut das sehr weh?"

Fritzchens zitterndes Stimmchen holte mich in die Wirklichkeit zurück. Ich griff zur Lüge. „Das ist halb so schlimm."

Fritzchens Augen glaubten mir kein Wort.

„Dich schlägt er nicht mit der Stahlrute, weil du noch klein bist", beruhigte ich ihn und glaubte selbst nicht daran.

„Und wenn doch?" Eine Träne rollte den anderen hinterher.

„Dann haut er bestimmt nicht so doll."

„Meinst du?" Es war der letzte Strohhalm, an den sich der Kleine klammerte.

„Ganz bestimmt! Die Markhoff nimmt die Stahlkante des Lineals auch nur bei den Jungs, wenn sie hochkant auf die Finger schlägt. Die Mädchen kriegen nur die Rückseite zu spüren, da bluten die Nägel nicht."

Fritzchens Augen wurden größer und ich begriff, dass meine Worte alles nur noch schlimmer machten. Seine Hände glitten zitternd über meinen Rücken, denn er stand hinter mir, war vom Richtbock ein kleines Stückchen abgerückt. Seine Augen bettelten: *Verzeih, dass ich mir den kleinen Aufschub von dir gestohlen habe.*

In mir wuchs die Wut, eine Wut auf den Fehlhaber, auf die Schule, auf die Engländer, auf die Russen, auf die ganze beschissene Welt, die uns schlug. Am wütendsten war ich auf die Amerikaner, die uns jetzt im Stich ließen. Um diese Zeit brummten sonst immer ihre Flugzeuge über Lübben hinweg und verkürzten die Schulstunden. Doch ausgerechnet heute hatten die verpennt! Der gleiche Zorn schrie aus Martins bleichem Gesicht, der ganz vorne stand: *Wann legen wir diesem Schläger das Handwerk?*

Wir erinnerten uns oft und gern an Herrn Oslath, der den Mut gehabt hatte, dem Fehlhaber für die Misshandlungen seines Sohnes

Gleiches mit Gleichem zu vergelten. Er hatte ihm auf dem Korridor vor unserem Klassenzimmer die Faust auf die Nase geknallt. Jedem das Seine!

Es war nicht die erste Auspeitschung in unserer Klasse und alle kannten das nun folgende Ritual. Fehlhaber schickte den Klassenprimus zum Lehrer Merten, der den schulweit durchschlagendsten Knüppel besaß. Es war der gefürchtete Eisenstab, welcher in einem Holzrohr steckte, denn das Prügeln mit dem blanken Eisenstab war verboten. Der Überbringer legte das Folterinstrument gehorsam auf das Lehrerpult. Fehlhaber beäugte den Knüppel, beschnupperte ihn, peitschte damit durch die Luft, ließ ihn nachschwingen, wippte den Körper auf den Zehenspitzen und pumpte die Lungen auf. Dann steckte der Einarmige den Knüppel quer in sein Gebiss und griff nach dem ersten Delinquenten. Die Hand krallte sich in den Hemdkragen, riss den Körper gegen die Schienbeine und die Kniegelenke quetschten den Hals wie ein Schraubstock zusammen. Dieser Griff fesselte den Sträfling und verhinderte das Schreien. „Hosen runter. Sechs Ex!"

Der schwere Stab durchschlug sechs Mal die Haut und matschte in Martins Hintern, denn Fehlhabers Einarmigkeit verdoppelte die Schlagkraft. Das Opfer spuckte, röchelte und taumelte ziellos durch die Bankreihen.

˙ „Der Nächste!"

Die Köpfe der Schüler zuckten im Takt der peitschenden Hiebe und das Schnauben des schuftenden Schlägers erfüllte den Raum. „Der Nächste!"

Ich war vom übersinnlichen Schmerz gelähmt, der bei jedem Hieb meinen Körper wie einen Stromstoß durchstieß und den ich in dieser Intensität sonst nie erlebte. Vor meinen Augen explodierte ein Feuerwerk sprühender Funken. Ich wurde zurückgestoßen und taumelte mit dem Kopf gegen die Wand. Das Klassenzimmer drehte sich vor meinen Augen wie ein Karussell und Eberhard fing mich auf. Ich konnte nicht sitzen, legte mich wie Martin und Willi bäuchlings auf die Tischplatte. Es lief feucht in meine Kniekehlen hinein. Vor mir krümmten sich meine Schulkameraden unter den Schmerzen und ihre Rücken erzählten von den Qualen, die ihre Seelen in diesen langen Minuten durchleiden mussten.

Mir kamen die Gespräche in den Sinn, die in Vaters Bekanntenkreis die Runde machten. Dort sprach man von den Folterungen, die manche von ihnen in den Gefängnissen erduldet hatten. Dass uns hier in der Schule das Gleiche widerfuhr, davon sprachen sie nicht.

Eberhard, der mit versteinertem Gesicht auf den Lehrer blickte, sprang plötzlich auf: „Neiiiiin!"

Die Hand, welche Fritzchen schon im Würgegriff hatte, ließ die Beute wieder fallen.

„Wer war das?"

„Kleine Buben schlägt man nicht!", rief Eberhard.

„Gerade erst angekommen und hat schon den großen Rand!", schnauzte Fehlhaber. Er kam mit schnellen Schritten durch die Bankreihen und schlug dem vorlauten Schüler ins Gesicht. Eberhard boxte zurück, doch gegen die Kraft des Einarmigen kam der Junge nicht an. Er musste mehrere Hiebe einstecken und krümmte sich vor Schmerzen.

„Dieses Gesocks hat nichts anderes verdient!", fauchte Fehlhaber und ging wieder nach vorn, um die Reihe der Wartenden abzuarbeiten.

Auf dem Schulhof trillerte eine Pfeife: *Fliegeralarm – die Bomber kommen! Endlich haben die Yankees ausgeschlafen,* freuten wir uns und stürmten ins Freie.

Auf dem Schulhof stand der Hausmeister und hielt Ulli, den Sohn des Pumpenbauers aus der Sternstraße, fest. Der kleine Bub protestierte, denn er hatte die Trillerpfeife geschenkt bekommen und wollte sie nur ausprobieren, doch der Hausmeister kannte keine Gnade und schleppte den Ulli in die Schule. Am Tor stand Eberhard und kühlte mit dem Taschentuch sein blau geschlagenes Auge.

„Wohin bringen sie den?", fragte er.

„Zur Exekution", antwortete ich.

Da knirschte Eberhard furchtbar mit den Zähnen, sprang gegen den Zaun und schrie: „Ich will raus aus dieser verfluchten Stadt!"

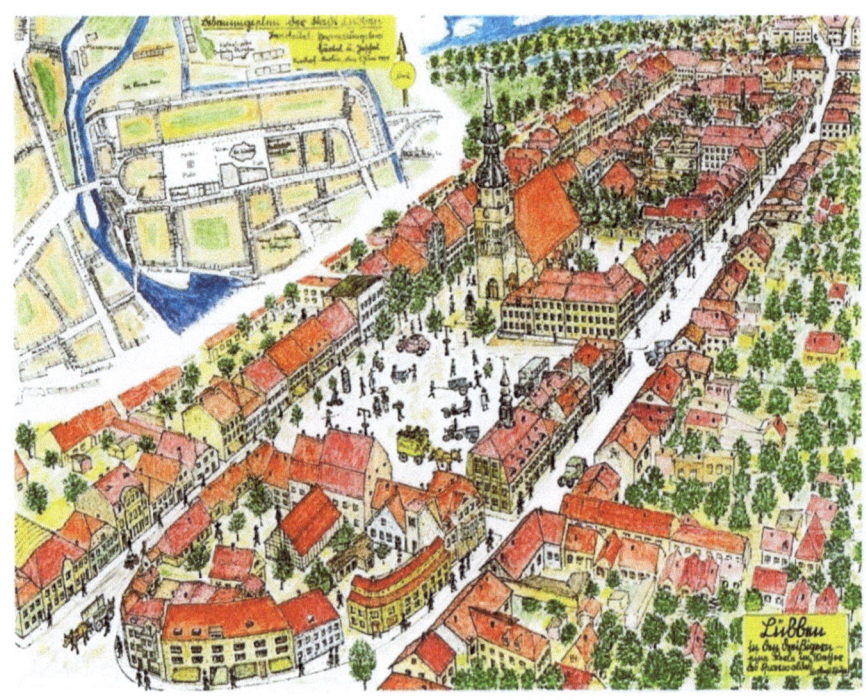

Abb. 1 – „Das Zentrum von Lübben in den dreißiger Jahren"
Zeichnung von Horst Schulze

Monika Schubert

1952	in Niesky geboren
1969-1971	pädagogische Ausbildung und Staatsexamen; Übersiedlung nach Bautzen; später nach Dresden
1989-2013	Ausbildung zur Musikpädagogin und tätig an der Kreismusikschule Dahme- Spreewald in Lübben
2007-2013	Studium der Malerei an der Akademie für Malerei Berlin bei Ute Wöllmann
2010	Mitbegründerin der Produzentengalerie ROOT am Savignyplatz Berlin
14. Juni 2013	Abschlusspräsentation und Ernennung zur Meisterschülerin von Ute Wöllmann.
Seit 2017	Mitglied des Lübbener Autorentreffs.

Kontakt: monikaschubert52@icloud.com

Windsbraut

Am Feldrand liegt zerknüllt ein zartes,
ganz bunt geblümtes Chiffonkleid.
Es ist gewiss ein sehr apartes,
jedoch nur Hülle, ohne Maid.

Vom warmen Sommerwind berührt
und sanft gebauscht, zeigt es Figur.
Bald heimlichstill von ihm entführt
beginnt ein Tanz durch Feld und Flur.

Am Abend hör das Korn ich knistern,
ein Stöhnen klingt, ein Liebeslied,
ein Lachen und ein Worteflüstern,
die Ähren brechen, was geschieht?

Als ich erwache ist mir miese,
den ganzen Tag such ich mein Kleid.
Ich find es auf der Sommerwiese
und lass es blühen alle Zeit.

Bioteich

Von mir erbaut, steht jetzt im Garten
ein klitzekleiner Bioteich.
Nun kann ich in die Ferien starten
und hab mein eignes Urlaubsreich.

Mit einem Filter ausgestattet,
damit das Wasser klar und rein,
von meinem Sonnenschirm beschattet,
füll ich mit Kannen Wasser ein.

Ich träume, dass ich unbekleidet
darin in Runden schwimmen kann.
Stattdessen eine Fliege leidet,
sie fiel hinein und putzt sich dann.

Bin durstig und ergreif den Henkel
und führ zum Mund den kleinen See.
Die Sonne gibt ihm golden Sprenkel,
das Wasser schmeckt so streng nach Tee.

Perlentaucher

Versonnen blickt er auf des Meeres Busen,
an dessen Wellensaum sein Schatten ruht
und wird erfasst von einer heißen Glut.
In seinem Kopfe toben die diffusen

Gedankenblitze, die ihn vorwärtstreiben,
die Meeresbraut zieht ihn liebkosend fort.
Er reitet ihre Wellen ohne Board.
Verführt lässt er sich von ihr einverleiben

und taucht hinab durch die kristall'nen Grotten,
hinein in Dunkelheit, zum Meeresgrund,
wo eine Muschel liegt, sein schönster Fund.

Er öffnet sie, ihn blendet eine Perle,
da reißt Poseidon ihn mit einem Beben fort.
Die Perle bleibt in ihrem sich'ren Hort.

Rettung

Jemand zerrt an seinem Arm, es schmerzt heftig. Warum lässt man ihn nicht in Ruhe? Sie ziehen kräftiger, er hört sich schreien.

Dann ummantelt ihn Finsternis und ihm wird kalt. Unter dem Mantel bekommt er keine Luft. Wollen sie ihn ersticken?

Plötzlich stemmt sich jemand gegen seine Brust, pumpt wie eine Maschine, als wollte er alles aus ihm herausdrücken.

Bald darauf beginnt etwas in ihm zu klopfen, erst zaghaft, dann immer schneller. Er atmet erlöst tief ein.

Später legen sie ihn auf die Seite. Eine Flüssigkeit läuft über sein Gesicht. Es wird wärmer, sie haben ihm ein Feuer angezündet.

Er blinzelt in den grellen Schein und überlegt: „Warum steht in dem Feuer mein Auto?"

Angekommen

Späte Sonne

schiebt den Vorhang

des Morgens auf

sammelt blitzende Tröpfchen

von der Wiese

und lässt glänzen

die versponnenen Fäden

aus den Kämmen

alter Weiber des Sommers

Abb. 2 – „Spinnen"
Gemälde in Öl von Monika Schubert

Verweht

Der Herbstwind zerrt
an ihrem Kleid, durchwühlt
ihr silbergraues Haar,

kühlt ihre Runzeln
im Gesicht und schiebt
sie wie die welken Blätter

hin zur Bank
am Klippenrand, er dirigiert
ein rauschendes Konzert

und lässt die weißen Vögel
auf den Wellen tanzen,
sie applaudiert,

weil sie sich so
lebendig fühlt, für kurze Zeit.
Sie weiß nicht, ob sie wieder kommen kann.

Novemberblues

Es schaut herein mit kaltem Leib – ein Weib,
gestützt auf einen kahlen Stock,
zerschlissen ist sein nasser Rock.
Es steht und sinnt,
das Glas wird blind.

Die Alte ist ein müder Gast, macht Rast.
Geschenke hat sie keine mehr,
denn sie ist dürr, die Brüste leer.
Ihr Blick ist kalt
und ohne Halt.

Ein Vogel singt das Klagelied und flieht.
Die Felder hat sie leergefegt
und Feuchtigkeit auf's Gras gelegt,
trübt Tag und Nacht
mit ihrer Macht.

Die Runzeln ihrer Haut sind rau und grau.
Es färbt das dunkle Tageslicht
ihr blaue Blässe ins Gesicht.
Sie wird ganz steif
vom ersten Reif.

Sie legt sich nieder und verharrt, erstarrt.
Der kalte Ostwind ist ihr Fluch.
Vom Himmel schwebt ein Leichentuch
und deckt sie zu
zur Wintersruh.

Zeit des Aufbruchs

Eisige Zersetzung
formt mich
bin nur Echo seines Schalls

Auf der Flucht
vor der Liebe
trotze ich seinem Charme
werfe ihm einen Spiegel
vor die Füße
er erkennt sich nicht.

Maskenball

Unterm Baldachin der Hitze
schweben irrend Maskenfratzen,
dicht gefolgt von Schattenkatzen
gaukeln sie im bunten Reigen
zu dem Klang von Jammergeigen,
sprühen Funkelfarbenglanz
bei dem Marionettentanz.

Sind es Geister und Vampire
die da schaun mit Starrblickaugen,
die zum Leuchten nimmer taugen?
Fest verschlossen ihre Münder,
nicht zu essen ist gesünder,
sprechen selten mal ein Wort.
Mancher tanzt wie Larvenlord.

Schweiß durchtränkt die Trauermasken,
tropft herab und löst die Farben.
Ganz verschmiert mit tiefen Narben
taumeln sie erschöpft zu Klängen,
die in Raucherschwaden hängen,
wie im Trance drehn sie sich stumm,
dieser Schwof bringt sie noch um.

Wein fließt hin wie Lavaströme,
schaukelnd spürn sie ihre Grenze
und vollführen Affentänze.
Doch der Maskenball geht weiter,
eine Woche tanzt man heiter,
dauerts einen Monat gar,
oder doch ein ganzes Jahr?

Verlust

Ich trete nicht auf die Spur, die sich auf der weichen Schneedecke dahinzieht, als wolle sie den Horizont erreichen. Es sind nur zwei Tapsen, die sich stetig gegenseitig überholen.

Große Füße.

Ich gehe nebenher, so laufen wir schweigend nebeneinander, zeitversetzt. Die nach uns kommen, werden ein Spurenpärchen sehen.

Plötzlich enden die Abdrücke neben mir. Fassungslos bleibe ich stehen. Wie kann das sein? In keiner Richtung führen die Spuren weiter. Ist er vielleicht ins Gebüsch gesprungen und hat sich versteckt? Meine Augen suchen die Umgebung ab, blicken auch nach oben und finden nur unberührte Natur.

Die Stille, die mich umgibt, vertieft sich, wirkt fast feierlich.

Ich fühle mich, als hätte ich einen Teil meiner selbst verloren. Die Leere in mir füllt sich mit Sehnsucht.

Eine Frau holt mich ein und fragt, ob es mir gut geht. Ich löse mich aus meiner Eisblockstarre, denn ihr Lächeln taut mich auf. Freundlich erkläre ich ihr: „Ich musste an Jemanden denken, denn ich fand Spuren, die er hinterließ."

Horizontloser Morgen

In das milchige Antlitz
des Morgens
fließt goldener Seim,

färbt den Himmel ein,
der im Netz
weißer Äste gefangen,

setzt glitzernde Punkte
auf den Zuckerguss
des erstarrten Schilfes

und tropft in das Fließ,
dessen kalter Atem
die Stämme der Bäume verschleiert.

Doch im Wasser
zeigt sich
kontrastreicher Schattenriss

bis das Plätschern
erster Badegäste

ihn verwirbelt.

Schlittschuhläufer
für H. L.

Kleiner Weiher, baumumrandet,
hat das trübe Winterlicht
tief in sich hinein gefroren,
seine Wellen längst verloren
unterm Eis, das nicht mehr bricht.

Einsam zieht ein Schlittschuhläufer
seine Spuren durch die Zeit,
lässt die Winde Leere füllen,
wenn die Ängste ihn umhüllen,
ist zum Abschied nun bereit.

Wälder rauschen grau verhangen,
wenn er vor sich selber flieht.
Schnee bedeckt mit weißem Schleier
Schlittschuhspuren auf dem Weiher,
Adler seine Kreise zieht.

Sehnsucht

Sehnsucht zieht nun flügelbreitend
die Gedanken übers Meer.
Lässt mich in den leeren Tagen,
die gefesselt sind von Fragen.
Stille Stunden wiegen schwer.

Flöge ich doch lichtbegleitend
über Wellen trüber Zeit,
riefen heißbegehrte Düfte,
süße Stimmen mich in Lüfte,
wär zum Aufbruch ich bereit.

Fangen endlich traumbereitend
mich geheime Wünsche ein,
spüre ich die dunklen Mächte
sternenloser Sehnsuchtsnächte:
Könnte ich nur bei dir sein.

Skizzenhaft

Ihr Rücken schmerzt. Sie sitzt in unbequemer Haltung auf einem Stuhl, mitten im Zimmer. Auf dem Fußboden erscheinen zwei blasse Vierecke, die immer heller werden und das Gefühl von Wärme erwecken. Da sie nichts anhat, würde sie gern ihren Stuhl auf diese Stelle rücken und ihr Frösteln in den Schatten ihres Körpers verbannen.

Doch sie darf sich nicht bewegen.

Ein leichtes Kratzen, welches die Stille hörbar macht, und ein kurzes rotes Funkeln fesseln ihre Aufmerksamkeit. Schon lange ist es ihr Wunsch, diesen schwarzen Zeichenstift mit seinem am Ende aufgeklebten Glitzersteinchen zu besitzen.

Eigentlich machen ihn die Hand, die ihn führt und die Augen, die ihm vorausschauen erst so wertvoll. Wenn die Finger ihn locker und fast mit Zärtlichkeit umfassen, gelingt jeder Strich. Manchmal ist es nicht auszumachen, wen die Augen liebevoller betrachten, wenn sie ihren Körper erkunden und dann wieder den Stift beobachten.

Die Blicke ruhen oft so eindringlich und erforschend auf ihrer Haut, dass sie warme Feuchtigkeit zu spüren glaubt. Dann schicken ihre Gefühle spannende Fantasien den Tatsachen voraus. Der Stift, den sie nicht mehr aus den Augen lässt, verselbstständigt sich allmählich.

Sie spürt, wie er ihre Haut kitzelt, ihre Lippen mit sanften Strichen streift und die halbgeöffneten Augenlider nachzeichnet, um ihnen einen verträumten Blick zu geben. Auf ihrem Hals färbt er mit flachgelegter Mine einen Schatten und formt so auch ihre Rundungen, die er mit Blütenknospen schmückt.

Mit seiner abgenutzten Spitze vertieft er ihren Bauchnabel und zieht dann weiter nach unten. Ihre Schenkel beben, als er diese mit kräftigen Linien formt.

Ihre Erwartung steigt – doch plötzlich fällt der Stift zu Boden, rollt nach und nach langsamer werdend weiter und bleibt mit einem letzten Aufblitzen auf der erleuchteten Fläche liegen, noch immer verfolgt von ihrem Blick.

Doch unerwartete Worte zerreißen endgültig die Stille und lassen ihre Fantasie verblassen: „Pause, entspann dich!"

Glühwürmchen

Großvater,
ich weiß,
dass du auf der alten Bank sitzt,
unterm Apfelbaum,
eingehüllt in den dunklen Mantel,
unsichtbar.
Ein winziges Licht glimmt vor dir,
ich will es fangen,
doch es ist heiß
und meine Augen tränen.

Eines Tages
ist das Glühwürmchen verschwunden.
Die Erwachsenen sagen,
es gibt keine mehr.
Ich fühle Leere in mir
und Sehnsucht.

Großvater,
zieh deinen Mantel aus,
ich will dich sehen.

Abb. 3 – „Kindheit"
Gemälde in Öl von Monika Schubert

Nachtbaum

Der Baum,
so groß, so stark,
seine Rindenhaut ist rau.
Ich bin noch ein Kind,
trotzdem stehe ich vor ihm,
den Kopf im Nacken.
Er wirft seinen Schatten über mich,
nimmt mir das Licht,
wird mächtiger
je länger ich warte.
Durch die Äste
funkeln blinkende Augen.
Die Blätter flüstern,
wenn der Wind
hastig mein Gesicht streift,
an meiner Kleidung zerrt.

Mein brauner Bär
liegt auf der Erde.
Er kann mich nicht beschützen.

Schulpause

Im grellen Sonnenlicht
senke ich den Kopf,
beschatte meine Angst,
dass sie unsichtbar wird,
wenn ich durch den Monsterzoo gehe.
Ich mag sie nicht,
die Monster,
sie sind unheimlich.
Sie fühlen sich
wie mächtige Krieger.
Wenn sie angreifen,
sind Fäuste Waffen,
vervielfältigen sich.
Ihr Kampfgebrüll,
so laut,
verkündet weithin
ihren Sieg.
Immer sind sie die Gewinner, immer,
denn ihr Bezwinger
versteckt sich
zwischen meinen Mauern.

Danach

Sie liegen ermattet und reglos, miteinander verschmolzen, wie in Bronze gegossen. Horchen in sich hinein. Noch sind die Bilder ihrer Reise lebendig und die Hitze ihrer Haut nicht verglüht.

Sie denken an die Wanderung über die Berge, als der Aufstieg sie schwer atmen ließ. Wie aufregend war es, als sie auf den Wellen des Meeres auf und ab ritten und am Rande des Vulkans sich ihre Gesichter lavarot färbten. Beim Gewitter schrien sie auf, wenn die Blitze zuckten und stießen sich heißen Atem entgegen. Das Krachen des Donners katapultierte sie in die Dunkelheit des Alls, wo Sterne ihre Augen blendeten. Wie gern wären sie länger geblieben, im Sturm ihrer Gefühle.

Irgendwann stiegen sie hinab in das Tal, wo sie den Saft der Trauben tranken, der sie trunken machte und ihnen wohlige Wärme schenkte.

Betörende Zuneigung webt um sie einen Kokon.

Abb. 4– „Die blaue Stunde"
Gemälde in Öl von Monika Schubert

Zeitreise

Wenn ich meine Augen schließe,
falle ich in Dunkelheit,
doch schon bald seh ich Konturen,
die Erinnerung zeigt Spuren,
führt in die Vergangenheit.

Mich erfasst ein bisschen Sehnsucht,
noch ist sie sehr ungenau,
lässt mich durch die Zeiten hetzen,
wirbelt um mich Lebensfetzen,
sie sind weiß und schwarz und grau.

Wärme flutet meine Seele,
weil ich meine Lieben seh,
die auf kleinen Bildern thronen,
jetzt in den Quadraten wohnen,
unsre Trennung tut noch weh.

Auch mich selbst kann ich erkennen,
meiner Kindheit Fröhlichkeit.
Seh mich meine Wege finden,
die sich oftmals heftig winden,
doch sie geben mir Geleit.

Diese Reise schenkt mir Hoffnung,
gerne bleibe ich noch hier,
denn ich konnte klar erkennen
und ich will es nun benennen:

Mein ganzes Leben wohnt in mir.

Ralph Ronneberger

Geburtsdatum: 31.10.1947

Beruf: Dipl.-Ing. (FH) für Wasserbautechnik, allerdings seit acht Jahren in Rente.

Fremdsprachen: Sächsisch in Wort und Schrift

Familienstand: geschieden, zwei Kinder

Hobbys: Schreiben, Lesen und häufig immer noch der Beruf

Ich bin gebürtiger Sachse, lebe aber seit fünf Jahrzehnten im Spreewald – inmitten unzähliger Flussarme, denen ich mich vor allem beruflich widmen durfte und dies zum Teil noch darf.

Ich schreibe seit meiner Jugend im stillen Kämmerlein vor allem Erzählungen und Kurzgeschichten, von denen ich bisher einige in meinen Büchern

„G." (als Herausgeber),
„Liebe, Sex und Sonderbares",
„Liebe, Sex und Kurioses",
„Wenn's im Urlaub regnet" (gemeinsam mit Ilona Noack),
„Aus dem Alltag gehebelt"

veröffentlicht habe.

Ich bin seit knapp zwanzig Jahren als ehrenamtlicher Redakteur auf der Literaturplattform „Leselupe" tätig und dort für die Rubriken „Erzählungen" und „Erotische Geschichten" verantwortlich. Dem Lübbener Autorentreff gehöre ich seit seinem Bestehen an.

Größter Traum: Endlich meine verdammt langen Roman-Projekte zu einem Abschluss bringen.

Mücken sind auch nur Menschen

Ein leiser Wind wehte vom Dorf zum Waldrand herüber und strich durch das maifrische Blattwerk eines Fliederbusches, der direkt neben einem einsamen Ferienhaus stand. Auf einem seiner Blätter lag die hübsche Mückaela. Der Lufthauch hatte das Astwerk ein wenig in Bewegung versetzt, sodass das grüne Dach über ihr mitunter ein wenig aufriss, wodurch die Sonnenstrahlen ab und an bis zu ihrem grazilen Körper durchdringen konnten.

Mückaela quittiert das jedoch mit einem nervösen Blinzeln. Sie lag schon seit Stunden hier, hatte das obere Beinpaar hinter dem Nacken verschränkt, das mittlere über dem Bauch gefaltet und hielt nur das untere wegen eines sicheren Halts weit abgewinkelt.

„Blöder Wind", knurrte sie. „Von der Schaukelei wird einem ja ganz dusslig in der Birne."

Sie drehte den Kopf nach rechts, wo ihre Schwester Mücklinde lag und ungewöhnlich heftig schnarchte, was ihren Rüssel in beängstigende Vibrationen versetzte.

Doch Mückaela wurde abgelenkt, weil es in dem kleinen Haus zu rumoren begann. Türen klappten, und dann sah man, wie die dicke Frau und der dünne Mann ihre Liegestühle auf die Terrasse schleppten und dort in Position brachten.

Und während sich das Urlauber-Ehepaar genüsslich ausstreckte, um ihre Körper der ordentlich sengenden Sonne auszusetzen, wurde es im Nachbarstrauch lebendig. Mückaelas komplette Schwesternschar hatte sich dort versammelt, und alle summten wild durcheinander. Sie verstand zwar nur Wortfetzen, aber sie wusste, dass es um die weitere Tagesgestaltung ging. Die wenigen Männchen, die teilnahmslos am Sockel des Hauses herumhingen, schien das nicht zu interessieren. Die Jünglinge waren von ihren Paarungsversuchen beim gestrigen Abendschwärmen noch völlig ausgepowert und wollten einfach nur in Ruhe gelassen werden.

„Was für Schlapprüssel!", knurrte Mückaela verächtlich. „Da ist doch mein Mückojan ein ganz anderer Kerl."

Wo blieb der eigentlich?

Die Erinnerung an das Schwärmen mit dem attraktiven Mückojan ließ Sehnsucht in ihr aufkommen. Kurzum – mit der inneren Ruhe war es nun komplett vorbei. Obendrein kamen jetzt zwei aufgeregte Schwestern angeflogen und fragten, ob sich Mückaela an dem Großangriff beteiligen wolle.

„Wen wollt ihr denn angreifen?", wollte die wissen.

„Na die da!" Beide wiesen mit ihren Stechwerkzeugen auf das ungleiche Paar in den Liegestühlen.

„Nö, da habe ich jetzt keine Lust. Außerdem plagen mich Rüsselkrämpfe", erklärte Mückaela und schloss demonstrativ die Augen. Heimlich grinste sie in sich hinein.

„Und du, was ist mit dir?", wandten sich die beiden an die immer noch schlafende Mücklinde.

Die musste erst einmal gerüttelt werden, bevor sie die Augen aufschlug und mühsam gegen die Sonne anblinzelte.

„Lasst mich in Ruhe! Und seid nicht so grässlich laut!", ächzte sie.

„Keine Lust auf Blut?", kam vorwurfsvoll zurück.

„Nee – nicht heute. Ich bin ja sooo krank. Ich leide unter einer fürchterlichen Mückräne."

Wie zur Bestätigung griff sie sich mit allen sechs Beinen gleichzeitig an den Kopf und rutschte prompt vom Blatt. Sie bekam nicht einmal die Flügel vernünftig ausgebreitet, und so segelte sie mit unkontrollierten Loopings zu Boden.

Alle schauten erschrocken nach unten.

„Die ist ja wirklich krank!", rief eine der Schwestern. „Vielleicht ist sie von unbekannten Mückroben befallen. Mein Gott, wenn das ansteckend ist …"

„Quatsch! Die hat nur einen fiesen Kater!", brummte es von unten herauf, und gleich darauf kam Dassel-Dora, die nette Bremse von nebenan, hochgesurrt. Zwischen ihre Vorderbeine hatte sie die bedauernswerte Mücklinde geklemmt, die sie jetzt vorsichtig absetzte.

Während sich die Gerettete zu bedanken suchte, schien sie allmählich zu sich zu finden. Mit verstörtem Blick musterte sie die Schwestern, die besorgt um sie herumschwirrten.

„Ich kann den Angriff wirklich nicht mitmachen", sagte sie und griff sich erneut an den Kopf. Zum Glück nur mit den Vorderbeinen. „Außerdem habe ich schon Blut aufgenommen", setzte sie hinzu. Und es mischte sich sogar ein leicht hochnäsiger Unterton in ihre Stimme, als sie fortfuhr: „In den nächsten Tagen soll es sehr heiß werden. Nicht gut für unser Mückroklima. Da habe ich mich beeilt, bevor alle Pfützen ausgetrocknet sind."

„Da ist was dran", summte eine der Schwestern. „Deshalb müssen wir nun schleunigst die Urlauber anzapfen!"

Der Rest der Truppe sirrte zustimmend.

„Nehmt ihr mich mit?", fragte Dassel-Dora. Sie hatte auf einmal so einen diabolischen Glanz in den Augen. „Eigentlich brauche ich im Moment gar kein Blut – aber ich muss den Tod meines Mannes rächen!", setzte sie verbittert hinzu.

„Was denn – Dassel-Dieter ist tot?", fragte Mückaela entsetzt.

„Ja", seufzte Dassel-Dora. „Dieses dicke Menschen-Weibchen hat ihn gestern Abend erschlagen. Einfach so."

„Das schreit tatsächlich nach Rache!", rief die Anführerin der Schwesternschar. „Alles hört auf mein Kommando!"

„Attacke!!!"

Der Schwarm formierte sich und stob, ein diffuses Wölkchen bildend, davon.

Mückaela blickte ihnen nach und ließ ihrem Grinsen freien Lauf.

„Die werden sich putzen", sagte sie zu Mücklinde, die schon wieder gegen den Schlaf ankämpfte.

„Wieso?"

„Weil sich das saubere Pärchen dort auf den Liegestühlen vor dem Frühstück mit diesem grässlichen Spray eingedieselt hat. ‚Autan' heißt das Zeug."

„Davon habe ich schon gehört", ächzte Mücklinde. „Soll eklig sein. Was bin ich froh, bereits gestern Abend zugeschlagen zu haben. Auch wenn ich jetzt mit diesem Brummschädel herum liege. Morgen lege ich meine Eier, und alles ist überstanden.

„Du warst doch nicht etwa … bei diesem… diesem Fusel-Friedrich?

„Heißt der so?"

„Mensch, durch diese Schnapsdrossel wurden schon ganze Mücken-Generationen degeneriert. Weißt du nicht, wie gefährlich Alkohol für die mückrobiologischen Vorgänge im Körper ist? Deine Kinder könnten alle mit einem Dachschaden auf die Welt kommen!"

„Meinst du?", fragte Mücklinde, auf einmal kleinlaut geworden.

„Rabenmutter", schnaufte Mückaela „Erst lässt du dich von so einen Mückerling begatten, und dann versaust du auch noch deine Eier mit Alkohol."

Mücklinde schwieg. Entweder war sie beleidigt oder schon wieder eingepennt.

Plötzlich horchte Mückaela auf. Ein feines Summen erfüllte die Luft. Ein Lied – und nur für sie! Verhalten und doch mit kräftigem Flügelschlag vorgetragen, tönte es durch das Blattwerk:

„Du bist alles für mich,

denn ich liebe nur dich,

Mückaela – aha!

Die so Besungene bekam heftiges Herzklopfen. Der slawisch ge-
färbte Akzent des Sängers war ihr nur zu gut vertraut. Wie kräftig er
sang – und ganz ohne Mückrofon.

„Mükojan – wo steckst du?!", rief sie und verdrehte sich fast das
Hälschen.

„Ach dieser aufdringliche Mückrant schon wieder", nörgelte es aus
der Richtung, wo Mücklinde lag. „Möchte wissen, was du an dem
Bengel findest. Der macht sich an einheimische Weibchen ran, saugt
uns den besten Nektar weg und dann – du wirst es erleben – lässt er
dich auf deinen Eiern sitzen."

„Aus dir spricht der blanke Neid", konstatierte Mückaela. „Und
außerdem dulde ich keine ausländerfeindlichen Sprüche. Also halt
einfach den Rüssel!"

Während Mücklinde noch ein wenig vor sich hin brubbelte, ehe sie
wieder einduselte, lauschte die hübsche Mückaela völlig verzückt
dem Sänger, der jetzt zur nächsten Strophe ansetzte.

Dabei schraubte sich der tolle Mückojan immer höher in die Luft,
und erst beim letzten „Aha" ging er, wie eine Mück-29, in den Sturz-
flug über, um schließlich punktgenau neben seiner Angebeteten zu
landen.

„Wie rasant!", staunte Mückaela und umfing ihren Geliebten mit
zärtlichen Blicken.

„Gutten Morrgen, meine Sohnenscheein. Gäht dir gutt –ja?"

Er kroch ein wenig näher, umfing mit seinen Beinen ihren grazilen
Leib und strich ihr mit den Fühlern sanft über das Antlitz.

„Oh Miggaäla – ich dich lieben sooo säär."

„Ich dich auch", hauchte die Umworbene und kam ihm leiden-
schaftlich entgegen.

„Unglaublich! Die treiben es am helllichten Tag!", giftete es von nebenan. „Könnt ihr eure wildgewordenen Hormone nicht wenigstens bis zum Abend-Schwärmen unter Kontrolle halten?"

Mückaela besann sich. Es galt tatsächlich als unschicklich, bereits vor der Abenddämmerung zu kopulieren. Eine feste Mückenregel. Rasch zog sie ihren wundgeknutschten Rüssel zurück.

Mückojan war gerade im Begriff, seinen Puls notgedrungen wieder auf Normalmaß zu reduzieren, als eine heulende Mücken-Meute in den benachbarten Strauch einfiel. Die Schwestern kehrten von der Attacke auf das Dünn-Männchen und das Dick-Weibchen zurück.

„Was sein los mit die?", wunderte sich Mückojan und sah zu, wie die Heimkehrer sich auf den Blättern wälzten, eifrig an ihren Rüsseln herum putzten und sich die tränenden Augen rieben. Einige hatten ganz grüne Gesichter.

„Autan", erklärte Mückaela und grinste. „Echt ätzend – fies dieses Zeug."

Jetzt kam auch Dassel-Dora angesurrt und setzte sich ungeniert neben das verliebte Paar.

„Sei froh, dass du hiergeblieben bist. Meine Rüsselröhre brennt innen wie Feuer", krächzte sie und unterdrückte nur mit Mühe einen Hustenreiz.

Zu dritt sahen sie zu, wie sich der Mückenschwarm, dessen Angriff so wirkungsvoll abgeschlagen worden war, langsam zu erholen begann. Es verging allerdings einige Zeit, bis die Blessierten bereit waren, neue Pläne zu schmieden.

„Lasst uns zum Baggersee fliegen. Dort liegen die Blutspender reihenweise am Strand herum."

„Zu weit. Da schaffen wir es nie, um bis zur Dämmerung zurück zu sein."

„Dann übernachten wir eben unterwegs. Das Abendschwärmen ist doch eh nur noch reines Vergnügen. Oder fühlt sich eine von euch noch unbegattet?"

Das wirkte überzeugend, und während man sich auf den weiten Weg machte, lockte Mückela ihren Mückojan auf eine nahegelegene Wiese, um ein wenig vom Nektar zu schlürfen.

Als sie eine ganze Weile später wieder zurückkehrten, stand der kleine Zeiger der Kirchturmuhr fast auf der Zwei, und sein großer Bruder hatte es nicht mehr weit bis zur Zwölf.

Sie ließen sich wieder auf ihrem Stammblatt nieder, wo Dassel-Dora griesgrämig vor sich hinstarrte. Mücklinde war verschwunden. Da schlug die Turmuhr die volle Stunde.

Mückaela schaute hinüber zur Terrasse. Dort lag noch immer das Menschenpaar in der Sonne und ließ sich brutzeln.

„Gut, dass die so eine Ausdauer haben", sagte sie, und es blitzte in ihren Augen begehrlich auf. „Jetzt kann ich mich über sie her machen."

„Und dir den Rüssel verätzen", knurrte Dassel-Dora, die durch das Glocken-Läuten aus ihrer Lethargie gefunden hatte.

„Irrtum!", widersprach Mückaela. „Ich habe die beiden Menschen beobachtet, als sie sich heute früh im Badezimmer eingesprüht haben. Und ich habe genau gehört, wie das Weibchen sagte: ,Das Zeug hält uns für sechs Stunden die Mücken vom Hals.' Und da war es kurz vor acht."

„Und du meinst …?"

„Ja, ich meine."

„Na, dann los!"

Schon schwirrten die drei durch die Luft und nahmen Kurs auf das Urlauber-Pärchen.

„Aus der mache ich einen Streuselkuchen!", schnaufte Dassel-Dora, ehe sie zum Angriff überging.

Mückaela nahm sich das dünne Männchen vor. Mückojan kreiste als Beobachter über der Szene und gab hin und wieder Tipps oder Warnungen.

Ehe das sanft schlummernde Ehepaar den Angriff bemerkte, hatten beide schon einige Stiche weg. Zuerst fuhr die Frau, wild um sich schlagend aus dem Liegestuhl hoch und hampelte von einer Beinsäule auf die andere.

„Was hast du denn, mein Schatz?", rief der Mann verwundert.

„Diese verdammten Mistviecher!"

„Ich merke nichts."

„Meine Stiche spürst du erst später", murmelnde Mückaela und bohrte ihren Rüssel genau zwischen seine mageren Schulterblätter.

„Diese verdammten Mistviecher!", wiederholte die Frau und kratzte sich Schultern und Bauch, derweil Dassel-Dora längst an einer ihrer Pobacken herum raspelte.

Jetzt wurde auch der Mann unruhig und rieb sich den juckenden Knöchel.

„Wir hätten uns neu einsprühen sollen", meinte er. „Ich hole das Spray."

Schon ging er zum Haus. Als er mit der Sprühdose wieder auf der Bildfläche erschien, war die Gattin immer noch am Umherhüpfen.

„Und du willst morgen ausgerechnet mit mir in den Spreewald fahren!? In dieses Scheiß-Mücken-Paradies?!", kreischte sie.

„So schlimm wird es schon nicht werden, wenn wir das rechtzeitige Einsprühen nicht verpassen", versuchte er, zu beschwichtigen.

„Ich komme mir schon vor, wie eine wandelnde Graffiti-Wand", keifte sie weiter, währenddessen er sie gewissenhaft besprühte und Acht gab, keine der zahlreichen Hautfalten zu übersehen.

Mückaela und Dassel-Dora hatten sich inzwischen längst in Sicherheit gebracht und beobachteten die Szene gemeinsam mit

Mückojan von ihrem Busch aus. Von dem weiteren Dialog der beiden Menschen bekam Mückaela nichts mehr mit. Ein Wort hatte sich jedoch in ihrem schönen Köpfchen festhakt, und ließ sie nicht mehr los. **Mückenparadies!!!**

Wo mochte das sein? Sie fragte ihren weitgereisten Geliebten.

„Spreewald – iiich gehörrrt davoon. Soll sein, ein bisschen wie Masuren – mein Heimat. Viel von Wasser."

„Da will ich hin! Hier ist es für uns alles andere als paradiesisch!"

Sie dachte daran, wie umständlich und gefahrvoll es war, an Blut zu kommen. Auch an geeigneten Brutstädten fehlte es. Die meisten Mückenfamilien trugen daher als Nachnamen die Bezeichnung von temporären Pfützen. Gleich nebenan lebte ein Schwarm, deren Angehörige alle „von Lache 13" hießen. Sie selbst war eine geborene „von Regentonne". Auch nicht gerade das Gelbe vom Ei.

„Lass uns dorthin fahren. Wir schleichen uns in das Auto, verhalten uns während der Fahrt friedlich, und am Ziel verlassen wir den Wagen wieder. Genauso hast du es doch von den Masuren bis hierhergeschafft."

Mückojan nickte. Doch dann fragte er: „Und du wollen wirklich ohne dein Schwestern ...?"

„Ich habe doch dich!", fiel sie ihm ins Wort und sah ihn mit verliebt glänzenden Augen an, woran jede einzelne Fassette mit gleichem Eifer beteiligt war.

„Nehmt ihr mich mit?", hörte man Dassel-Doras Stimme aus dem Hintergrund. „Meinen Mann haben die Ameisen bereits bestattet. Was hält mich noch hier?"

Und so kam es, dass am nächsten Morgen eine schwangere Mückenfrau, ein mit Testosteron vollgestopfter Mückenmann und eine schmucke Bremsen-Witwe klammheimlich unter die Rücksitze eines klapprigen Opels krochen, um wenig später eine Reise anzutreten, die kaum bis zum Mittag dauerte.

Abb. 5 – „Mückaelas Mücken-Paradies"
Gemälde in Öl von Sybille Grunert

„Das also ist das Mückenparadies", sagte Mückaela nach dem Aussteigen, und ein Hauch von Ergriffenheit legte sich über ihre Seele. Sofort machten sie sich auf, um die nähere Umgebung zu erkunden. Und in welche Richtung sie auch flogen, überall begegneten sie entspannten Artgenossen, die sich an wehrlos auf Kähnen sitzenden Touristen nach Herzenslust satt soffen oder an den zahllosen Tümpeln und Altarmen das Gedeihen ihrer Brut beobachteten.

Und zwischen all den vielen Wasserläufen gab es prächtige Wiesen mit blühenden Kräutern.

Während Mückaela alles in sich aufnahm und ihr Glück kaum zu fassen vermochte, träumte Mückojan von Massen-Schwarm-Flügen, wo er unter tausenden von Mückenmädchen die Qual der Wahl haben würde. Aber das war Zukunftsmusik.

Selbst in Dassel-Dora schien der Schmerz um den verlorenen Gatten abzuebben. Angesichts ihrer ungebrochenen Wirkung auf die bremsische Männerwelt musste ihr um die Zukunft nicht bange sein.

Nachdem sie einige Stunden geschaut und gestaunt hatten, vermochte Mückaela dem verlockenden Geruch von vor sich hin dümpelndem Wasser nicht mehr zu widerstehen. Auf einmal wurde der Drang in ihr übermächtig, der sie zur Eiablage zwang.

„Ich bin gleich wieder da", summte sie und schwirrte zu einem der vielen Altarme.

Knapp drei Wochen später schlüpften ihre Kinder aus den Larven. Das erste Mädchen, das sich summend in die Lüfte erhob, tauften die stolzen Eltern auf den Namen der Mutter.

„Mückaela vom Diamentengraben" – ein wahrhaft fürstlicher Name. Welch ein Unterschied zu „von Regentonne".

Sport ist ja sooo gesund
(In Anlehnung an echte Limericks)

Leichtathletik

Der Marathonläufer Dirk Haase
trainierte – und das nicht zum Spaße –
bei Kälte und Regen,
erkrankte deswegen.
Jetzt läuft bei ihm nur noch die Nase.

Speerwerfen

Der Speerwerfer Maik wollt' es wissen.
Den Speer hat er ganz weit geschmissen.
Nur Kampfrichter Dräge
stand leider im Wege.
Durchbohrt sank der Ärmste ins Kissen.

Triathlon

Der Triathlet Gandhi aus Indien
war neulich beim Start nicht zu findien.
Den Trainer beim Suchen
hört lauthals man fluchen.
Er fand ihn mit Lisa beim Sindien.

Wasserspringen

Ein Kunstspringer wippt sehr adrett
ganz vorn – an der Spitze vom Brett.
Doch dieses bricht. Peng!
Es stürzt ins Bassin
der Kunstspringer. Er war zu fett.

Boxen

Der Schwergewichtsboxer (ein Flame)
schaut kurz zu der bildschönen Dame.
Die winkt hin zum Ring.
Da fängt er ein Ding!
Er macht jetzt für Haftcreme Reklame.

Abb. 6 – „KO"
Aquarell von Monika Schubert

Der beneidenswerte Thomas

Das wenige Licht, das durch die bunten Scheiben sickerte, reichte gerade mal aus, um das gewaltige Kirchenschiff in ein angenehmes Halbdunkel zu tauchen. Der Reiseleiter hatte seine Ausführungen beendet, und die Gruppe strebte dem Ausgang zu.

Maik zwängte sich durch zwei eng stehende Bankreihen hinüber zum Mittelgang. Als er seinen, bis dahin im Chorgewölbe weilenden Blick, nach vorn richtete, gewahrte er keine drei Meter vor sich das helle T-Shirt.

Marina!

Automatisch beschleunigte er seine Schritte und befand sich unversehens so dicht hinter der Frau, dass er nur den Arm hätte ausstrecken müssen, um ihre schmalen Schultern zu berühren. Zu spät bemerkte er, dass sie abrupt stehen blieb und wäre fast aufgelaufen. Verwirrt wollte er den Rückwärtsgang einlegen, als sie unerwartet beide Arme nach hinten warf. Schon fühlte er ihre Hände auf seinen Hüften. Gleichzeitig trat sie einen halben Schritt zurück. Irgendwo zwischen Brust und Bauch spürte er ihre kantigen Schulterblätter.

„Oh!", machte er. Und noch einmal: „Oh!"

Sie legte ihren Kopf ins Genick und sah ihn von unten herauf mit einem undefinierbaren Lächeln an. Das war so schnell gegangen, dass kaum mehr als ein Atemzug dazwischen lag. Ehe er ein drittes Mal „Oh!" ausstoßen konnte, drehte sie sich herum und legte ihm ihre Arme in den Nacken. Ihr Antlitz kam ganz nahe. Verwirrt suchte er in den grau-blauen Augen nach einer Erklärung. Doch schon verdeckten ihre zart gefältelten Lider die Pupillen. Dafür öffneten sich die schmalen, dezent geschminkten Lippen. Durfte er diese unerwartete Einladung annehmen? Das berauschende Weich ihres Mundes enthob ihn der Antwort. Ihr Kuss war von einer Zärtlichkeit, die ihm durch und durch ging und einen nicht zu beschreibenden Jubel in ihm auslöste. Als sich ihre Lippen voneinander lösten, hätte er vor Glück schreien mögen, doch es kam nur ein geflüstertes „Endlich!" heraus.

„Ja, endlich!", hauchte sie zurück.

Sie schien etwas hinzusetzen zu wollen, da trat ein plötzliches Erschrecken in ihren Blick.

„Unerhört!", kreischte eine Altweiberstimme, und sofort fielen noch weitere ein.

Die halbe Reisegruppe kam mit vor Entrüstung verzerrten Gesichtern und wild fuchtelnden Armen durch die Bankreihen auf das Paar zu gestürzt. Maik zog die zierliche Frau schützend an sich, vermochte jedoch nicht zu verhindern, dass ihr eine schwere Handtasche zwischen die Schulterblätter fuhr. Im gleichen Moment traf ihn ein Regenschirm am Hinterkopf. Und dann prasselte es Schläge von allen Seiten.

„Der Mann wartet ahnungslos draußen im Rollstuhl, und das Flittchen wirft sich diesem Lustgreis an den Hals!"

„Und das in dem Alter – ein Skandal!"

Maik wollte sich wehren, der rasenden Meute entgegentreten, aber er brachte keinen Laut über die Lippen. Er vermochte nicht einmal die Arme zu heben, um sich vor den Angriffen zu schützen. Marina und er drohten, in diesem Tumult unterzugehen.

Doch mit einem Mal wurde es still. Die Menschentraube löste sich buchstäblich in Luft auf und mit ihr die Wände der Kirche. Selbst Marina war verschwunden. Um ihn herum nur ein sanftes Rauschen und das gedämpfte Wummern der Schiffsdiesel.

Allmählich kam Maik zu sich und öffnete die Augen. Durch einen Spalt zwischen den schweren Fenstervorhängen drangen die milden Strahlen der Abendsonne.

Er richtete sich auf, setzte sich auf die Bettkante.

„Nur ein scheußlicher Traum!", dachte er und fühlte sich befreit.

Abb. 7 – „Botschaft"
Gemälde in Öl von Monika Schubert

Doch da bemerkte er, wie sich in seine Erleichterung ein leises Bedauern schlich. Marina hatte ihn geküsst. War die Sehnsucht danach in ihm so übermächtig geworden, dass er sie im Traum zu erfüllen suchte?

Er glaubte, diesen Kuss noch zu spüren, als er bereits unter der Dusche stand und sich vergeblich bemühte, die Traumbilder aus dem Kopf zu spülen. Die beherrschten ihn nach wie vor, als er, in feinen Zwirn gehüllt, die Treppe vom Haupt- zum Promenadendeck hinaufstieg. Am Eingang zum Speisesaal verhielt er den Schritt und schaute prüfend in den dort angebrachten Spiegel. Sah man ihm an, wie sehr ihn dieser Traum noch immer beschäftigte? Er war sich nicht sicher.

Lässig eine Hand in der Hosentasche vergraben, durchmaß Maik den Speisesaal. Geschickt umging er die am Salatbuffet kämpfende Menschentraube und versuchte, jenen auszuweichen, die sich mit völlig überladenen Tellern auf dem Siegeszug zu ihren Plätzen befanden. So ganz gelang ihm das nicht, denn plötzlich zischte es neben ihm: „Können sie nicht aufpassen?!"

Er sah in das Gesicht einer aufgerüschten Mittsechzigerin, die sich eine Olive aus dem Ausschnitt angelte.

‚Geschieht dir ganz recht', dachte Maik. Er hatte in ihr diejenige Furie erkannt, die Marina so brutal die Handtasche ins Kreuz gepfeffert hatte.

Marina! Dort saß sie. Sie und ihr Mann besetzten an dem Sechsertisch die beiden Fensterplätze. Das Ehepaar, das außen am Gang saß, war auch schon da. Mit einem artigen „Guten Abend!" zwängte sich Maik auf den Stuhl, der zwischen den beiden Männern stand.

Der ihm gegenüberliegende Platz blieb zwangsläufig frei. Dort hätte Kathrin sitzen müssen. Maik hatte diese Fluss-Kreuzfahrt nur ihretwegen gebucht, weil er wusste, wie sie sich normalerweise darüber gefreut hätte. Doch „normalerweise" gab es nicht mehr! Es war sein letzter Versuch gewesen, Kitt in die Ritzen der bröckelnden Beziehung zu drücken. Kathrin hatte dankend abgelehnt.

Fünf Jahre war es her, dass ihre Liebesbezeugungen es vermocht hatten, seine Selbstzweifel so aufzulösen, wie es Schwefelsäure mit einem Zinkbecher vermag. Fünf Jahre voller Sonnenschein und dann … nur noch dicke Wolken.

Hatte es daran gelegen, dass der berühmt-berüchtigte „Zahn der Zeit" an ihm zu nagen begann? Erste kleine Wehwehchen, kaum mehr zu kaschierender Bauchansatz, erste teuer überbrückte Zahnlücken und die Potenz mit allmählich sinkender Tendenz. Näherte er sich mit seinen siebenundfünfzig Lenzen dem Verfallsdatum? In den Augen der deutlich jüngeren Kathrin schien es wohl schon erreicht.

Jetzt saß er hier aus purem Trotz. Er hatte sich vorgenommen, nicht im Selbstmitleid zu ersaufen, sondern die Reise in der noch ungewohnten Rolle eines Singles zu genießen. Er wollte sein neuartiges Dasein inmitten der um ihn herum wuselnden Ehepaare als das allein glücklich machende erfahren. Und das, was er um sich herum wahrnahm, schien ihm zu einem erheblichen Teil Recht zu geben.

Doch zufrieden fühlte er sich nicht, so sehr er sich das auch einzureden versuchte. Schuld war allein diese Frau, die ihm schräg gegenübersaß, Marina hieß und seine Gedanken und Empfindungen seit Tagen Achterbahn fahren ließen.

Nach seiner Trennung von Kathrin hatte er lange resümiert, was mit der Feststellung endete: „Alter Junge, das war es für dich. Da kommt nichts mehr."

Von da an hatte er kaum etwas ausgelassen, um die angenehmen Seiten des Alleinseins auszuleben und den erlittenen Verlust als einen Gewinn zu betrachten. Und jetzt?

Da saß diese Frau, die sein sorgfältig gebasteltes Kartenhaus urplötzlich zum Einsturz gebracht hatte. Innerhalb weniger Stunden hatte er sich völlig in diese kleine quirlige Person verknallt. Wenn man ihn gefragt hätte, was ihn so an ihr faszinierte, wäre er wahrscheinlich eine Antwort schuldig geblieben oder hätte sich ein schlichtes „Alles" abgerungen.

Allein ihre Blicke und ihre Mimik besaßen eine wahnsinnig breite Palette. Mal ernsthaft prüfend, mal heiter gelöst, mal verunsichert, mal voller Selbstbewusstsein. Mitunter vermeinte er sogar, seine Gefühle darin erwidert zu sehen. Aber diesem heimlichen Einverständnis folgte prompt eine freundliche Distanz. Ähnlich verhielt es sich mit der Körpersprache. Ihre Gestik verhieß Temperament, ihre Haltung kündete von Selbstsicherheit, und ihr Gang besaß etwas durch und durch Erotisches. Wenn er sie ansah, fühlte er sich wie ein pubertierender Schüler, der kaum dem Unterricht folgen kann, weil seine aufreizend hübsche Lehrerin nur Chaos im Schädel anrichtet.

Auch jetzt, wo der Kellner den ersten Gang servierte, vermochte Maik nur schwer seinen auffällig bewundernden Blick von Marina zu lösen. Erst als diese ihren Kopf leicht in seine Richtung wandte und er sich offen von ihr gemustert fühlte, wähnte er sich wieder einmal ertappt und versuchte, sich ganz auf die Speisen auf seinem Teller zu konzentrieren, so wie es sein rechter Tischnachbar tat, der in ein genüssliches Schmatzen verfallen war. Es dauerte geraume Zeit, bis der alte Herr die mahnenden Blicke und das zurechtweisende Zischen seiner Frau Gemahlin bemerkte und seine Kaugeräusche zumindest für Augenblicke minimierte.

Maik grinste in sich hinein und entdeckte aus den Augenwinkeln das amüsierte Lächeln, das um Marinas Mundwinkel spielte.

Der Kellner servierte den Hauptgang. Zander mit …

Oh jeh", hörte er Marina aufstöhnen. „Das ist kein Schiff, sondern eine schwimmende Maststation."

Schon versuchte sie, etwa die Hälfte von ihrem Fisch auf der Gabel zu jonglieren.

„Möchtest du?"

Damit meinte sie Thomas, ihren Mann, der wie hingegossen zu Maiks Linken im Rollstuhl saß. Den massigen Oberkörper leicht nach vorn gebeugt, stocherte er offenbar lustlos auf seinem Teller herum.

„Danke, Schatz. Aber mein Appetit hält sich in Grenzen."

Das klang schroffer, als es Maik von dem stets so ausgeglichen wirkenden und förmlich in sich ruhenden Thomas bislang gewöhnt war.

Marina ließ die Gabel auf den Teller zurücksinken und schaute ihrem Mann eindringlich an.

„Tom, wir haben Urlaub", sagte sie mit einem Nachdruck in der Stimme, den Maik nicht verstand.

Er sah, wie sie beide Hände über den Tisch streckte und Toms Unterarme streichelte. Für den innigen Blick, den der beneidenswerte Mann von ihr entgegennehmen durfte, hätte ihn Maik erwürgen können.

Marina ließ ihre Hände noch ein wenig bei ihm verharren, ehe sie sich wieder ihrem Fisch zuwandte, um ihn jetzt Maik anzubieten.

Möchten sie? Wäre doch schade drum."

„Ja – ja, sehr gern."

Obwohl er ihr seinen Teller entgegenstreckte, musste sie sich ihm ein wenig entgegenbeugen, wobei sie ihm einen netten Einblick in ihr Dekolleté bot. Selbst die kleinen und nicht mehr kaschierbaren Fältchen auf der Haut über den Brustansätzen besaßen für ihn etwas Bezauberndes.

Sein Mund wurde plötzlich staubtrocken, und er hatte bis zum Nachtisch damit zu tun, diesen Zustand halbwegs zu überwinden.

„So, jetzt noch ein schönes Pfeifchen, und die Welt ist komplett in Ordnung", sagte Thomas und lehnte sich im Rollstuhl zurück.

„Wir müssen uns aber erst einen Tisch im Salon reservieren", mahnte Marina.

„Das kannst du inzwischen erledigen. Nimm am besten gleich einen Sechsertisch, oder möchten Sie nicht mitkommen?"

„Doch, doch", versicherte die Frau, die beim Essen ihre ganze Energie aufgewandt hatte, um ihren Mann anzuzischen. „Wir wollen doch auch rüber in den Salon – nicht wahr Friedhelm?"

Der Alte, der schon eine Weile in den Anblick der am Flussufer vorbeiziehenden Lichter versunken war, schrak auf und nickte beflissen.

„Schaffst du das allein?", fragte Marina und schaute ein wenig skeptisch.

Statt zu antworten, legte Thomas seine schwere Hand auf Maiks Schulter. Der zuckte leicht zusammen. Es war das erste Mal, dass Marinas Mann ihn so vertraulich behandelte.

„Sie gehen doch bestimmt auch erst noch eine rauchen", hörte er ihn sagen. Gleichzeitig erhöhte die Pranke des Rollstuhlfahrers ihren Druck. Maik nickte.

„Na klar", krächzte er, denn sein Mund war schon wieder trocken. Nur wusste er diesmal nicht warum.

Die Gesellschaft erhob sich von ihren Plätzen. Maik klemmte sich brav hinter den Rollstuhl und schob den beneidenswerten Tom zum Ausgang des Speisesaales. Ohne Mühe gelangten sie zum Fahrstuhl, der sie zum Sonnendeck hinaufbrachte. Jetzt handelte es sich allerdings eher um ein „Monddeck", denn der treue Erdtrabant hing in voller Größe über den Bergen der Wachau und ließ das Wasser im Pool silbern glitzern.

„Ist das nicht herrlich?", fragte Thomas und rollte gemächlich zum Vorschiff. Direkt an der Reling stellte er die Bremsen fest.

Während Maik in den Taschen seines Jacketts nach Zigaretten und Feuerzeug suchte, stopfte Thomas seine teure Markenpfeife und drückte den Tabak mit bedächtiger Sorgfalt fest. Nahezu gleichzeitig flammten die Feuerzeuge auf. Dieweil Thomas genüsslich an der Pfeife sog und dem Mond dicke Wolken ins Gesicht blies, nuckelte

Maik nervös an seiner Zigarette und schaute, über die Reling gebeugt, in das dunkel dahinschießende Wasser.

„Was für ein wundervoller Spätsommerabend!" Thomas drehte den Kopf in verschiedene Richtungen und ließ die Nasenflügel beben. „Es gab Zeiten, da bin ich an solchen Abenden auf meinen Lieblingsberg gestiegen, nur um dem Universum ein Stück näher zu sein – mich eins zu fühlen mit Milliarden von Sternen."

Übergangslos begann er, zu deklamieren:

Schwarz samtenes Tuch,
sternenbestäubt,
hüllt mich
in flimmerndes Chaos
aus Millionen Pixeln!

Feine Lichtnadeln
perforieren die Seele,
machen sie durchlässig,
lassen Gedanken entweichen
in die Unendlichkeit,
bis sie verschluckt
vom Kometenstaub des Vergessens.

Befreit vom Ballast
der Gefühle,

Ich!

Leer
und kalt
harr ich der Sonne.

Thomas schwieg. Maik drehte verlegen die Zigarette zwischen den Fingern. ‚Was soll das? Ich habe kein Wort verstanden', dachte er, und laut sagte er: „Das ist hübsch."

„Das schrieb ich vor langer Zeit", sagte Thomas, wieder einen normalen Tonfall anschlagend. „Oben auf dem Eisenacher Petersberg. Das sagt Ihnen nichts?"

„Nein."

„Wissen Sie, was ich seit meiner Behinderung am meisten vermisse? Auf diesem Berg zu stehen. Die Lichter der Stadt zu Füßen. Aber da komme ich nicht mehr hoch, und Füße habe ich auch keine mehr."

Eine Weile herrschte Schweigen zwischen den Männern. Thomas schien mit seinen Gedanken weit weg zu sein. Maik fühlte sich eher peinlich berührt. Betreten drückte er seine Zigarette aus.

„Seit wann haben Sie das schon?", fragte er in die Stille hinein. „Ich meine, wie ist es passiert? Ein Unfall?"

Thomas lachte auf. Bitterkeit lag in diesem Lachen.

„Es sollte zumindest wie ein Unfall aussehen. Es passierte ausgerechnet auf einer Flusskreuzfahrt. An Bord hatte ich gerade die Frau meines Lebens gefunden. Ihr Ehemann konnte das wohl nicht ertragen. Das kann ich verstehen. Aber musste er mich deshalb gleich von der Kaimauer stoßen, obendrein in einem Moment, als dort ein Schiff anlegte? Ich fiel nicht komplett in den sich schließenden Spalt zwischen Mauer und Schiffsrumpf. Jemand kam mir geistesgegenwärtig zu Hilfe. Nur die Beine wurden zerquetscht. Mordversuch aus Eifersucht! Bis dahin hatte ich gedacht, das gibt es nur in schlechten Filmen."

Thomas lachte wieder sein gallig-dunkles Lachen. Dann schaute er zu Maik, und der fühlte trotz der Dunkelheit den eindringlichen Blick auf sich ruhen.

„Eifersucht ist etwas völlig Überflüssiges. Sie ändert ja doch nichts an den geschaffenen Tatsachen. Wenn die Zeit für zwei Liebende abgelaufen ist, sollten es beide akzeptieren. Was hat es ihm denn eingebracht? Er hat nicht nur die Frau, sondern auch für etliche Jahre seine Freiheit eingebüßt. War es das wert? Ich habe nur meine Beine verloren, aber die wunderbarste Frau der Welt gewonnen. Fast müsste ich ihm dankbar sein. Dadurch, dass ich meinen Beruf nicht mehr ausüben konnte, besaß ich plötzlich sehr viel Zeit, die ich mit ihr teilen durfte und die ich überdies für etwas nutzen konnte, das ich schon immer wollte. Mit zwei gesunden Beinen wäre ich nie Schriftsteller geworden."

Er machte eine Pause und stieß eine dicke Qualmwolke aus.

„Ich durfte mein Leben von da an mit einer Frau verbringen, die mir unglaublich viel bedeutet und – was noch wichtiger ist – der ich genauso viel bedeute. Obendrein vermochte ich in meinen Büchern genau das zu vermitteln, das schon lange in mir brannte. Hätte ich mehr erwarten dürfen?"

Da sich der Mond momentan hinter einer dicken Wolke verschanzt hielt, vermochte Maik nur die Silhouette seines Gesprächspartners auszumachen. Er ahnte, dass der Mann mit der Pfeife auf eine Antwort wartete.

„Ich weiß nicht", quetschte er heraus. „Ich bin kein Schriftsteller." ,Die ticken ja auch anders als unsereiner', setzte er gedanklich hinzu.

„Aber die Faszination, die eine Frau in uns auszulösen vermag, dürfte Ihnen doch nicht fremd sein?"

Gab es da einen lauernden Unterton? Ausgelöst durch Maiks schlecht verborgene Blicke, mit denen er Marina förmlich in sich aufzusaugen suchte? Was wollte dieser Thomas von ihm? Er glaubte plötzlich nicht mehr an einen Zufall, der sie beide hier auf das Sonnendeck verschlagen hatte.

Während er ein „da haben sie natürlich Recht" nuschelte, kramte er in einem Anfall von Nervosität schon wieder nach den Zigaretten.

Wie hatte Thomas gerade erst gesagt? „Eifersucht ist etwas völlig Überflüssiges."

Wollte er jetzt seine eigenen Worte Lügen strafen? Angespannt wartete Maik darauf, dass der Mann im Rollstuhl sein Schweigen

69

aufgab. Doch nichts geschah. Der beneidenswerte Thomas sog genüsslich an seiner Pfeife und schien den Mann neben sich gar nicht mehr zu beachten.

Vom Salon drang Musik zu ihnen herauf. Die Tanzveranstaltung hatte begonnen.

Maik atmete auf und meinte dann: „Wir sollten wieder nach unten gehen."

„Tun Sie das", kam es zurück. „Ich möchte hier noch ein wenig mit mir allein sein."

„Um sich einen neuen Roman auszudenken?", fragte Maik, der froh war, dass sich das Gespräch so sang- und klanglos aufzulösen schien. Die erwarteten peinlichen Fragen waren ausgeblieben.

„Nein", sagte Thomas. „Es wird kein neues Buch von mir geben. Da drin ist nichts mehr." Er klopfte sich mit der freien Hand zuerst an den Kopf und dann an die Brust. „Was ich zu sagen hatte, ist gesagt. Jetzt bin ich leergebrannt, genauso wie es diese Pfeife bald sein wird."

„Man kann sie neu stopfen", meinte Maik.

„Stimmt, aber genau das unterscheidet mich von diesem Stück Bruyèreholz."

Maik wusste wieder keine Antwort. Verlegen von einem Bein auf das andere tretend, stand er neben dem Rollstuhl.

„Nun hauen sie doch endlich ab", brummte Thomas, und aus seiner Stimme klang Gutmütigkeit. Sein Tonfall ähnelte dem eines Vaters, der seinen Sohn zu dessen erstem Rendezvous ermuntert.

„Na dann, bis gleich", murmelte Maik und trollte sich zu der schmalen Treppe, die zum Promenadendeck hinab führte. Er hatte sie gerade erreicht, als er ein lautes „Halt!" in seinem Rücken vernahm.

Erschrocken drehte er sich um.

„Würden Sie mir einen Gefallen tun?", hörte er Thomas sagen.

„Ja gern. Worum handelt es sich denn?"

„Können Sie tanzen?"

„Na ja – so leidlich."

„Bitte tanzen Sie mit meiner Frau. Sie hat es so lange nicht mehr getan. Sie würden mir und vor allem ihr eine große Freude damit bereiten."

‚Und am allermeisten mir', dachte Maik, ohne ein schlechtes Gewissen zu empfinden. Und laut rief er: „Aber gern! Wird erledigt!" Dann nahm er die steilen Stufen nach unten.

„Na endlich! Ich habe mir schon Sorgen gemacht", wurde er im Salon von Marina empfangen.

Sie saß allein am Tisch, denn der gute Friedhelm hatte momentan mit seiner dominanten Elvira einen langsamen Walzer durchzustehen.

„Darf ich?" Er wartete ihre Antwort nicht ab, sondern nahm neben ihr Platz.

„Wo ist mein Mann?"

„Er wollte noch ein wenig die Abendluft genießen", bekam sie Auskunft.

„Aha", sagte sie nur und schob ihm ein volles Cocktailglas zu. „Trinken wir – bevor er noch wärmer wird. Was haben Sie eigentlich so lange gemacht, dort oben?"

„Wir haben uns unterhalten. Ihr Mann hat mir auch von der schlimmen Sache erzählt. Es tut mir sehr leid, was ihm damals passiert ist."

Marina hatte das Glas wieder zurückgestellt und schaute nachdenklich zur Tanzfläche.

„Das ist merkwürdig – früher hat er kaum die Zähne auseinanderbekommen, wenn er auf dieses Ereignis angesprochen wurde. Seit Kurzem scheint er aber alle Hemmung verloren zu haben. Schließlich sind Sie doch ein wildfremder Mensch für ihn."

„Wildfremd?", fragte er mit einem Unterton, der sie zwang, ihn anzuschauen. Ihren Blick und das feine Lächeln vermochte er nicht zu deuten.

„Sie haben Recht", sagte sie, griff zum Cocktail und hob das Glas bis knapp unter die Kinnspitze. Und nach einem kurzen Zögern: „Was hindert uns daran, ‚Du' zueinander zu sagen?"

„Nichts", kratzte es aus ihm heraus.

Das Zusammenstoßen der Gläser und der flüchtige Wangenkuss verschwammen im Dunst seiner freudigen Erregung.

Die Frontfrau der Bordkapelle intonierte gerade Andrea Bergs Dauerbrenner:

„Du hast mich tausendmal belogen,
du hast mich tausendmal verletzt ... "

Mindestens hundert Kehlen fielen ein. Mehr oder minder gesangstalentiert schleuderten sich die Tanzenden diese Worte entgegen. Nicht wenige unter ihnen wussten oder ahnten zumindest, dass sie bei ihrem Partner damit voll ins Schwarze trafen.

„Tanzen wir?"

Maik wunderte sich, wie mühelos ihm diese Aufforderung über die Lippen kam.

„Gern."

Schon sprang sie auf und eilte zur Tanzfläche. Geschickt wuselte sich das zierliche Persönchen durch die Tanzenden hindurch, bis sie einen freien Fleck gefunden hatte. Maik vermochte kaum zu folgen.

Und dann hatte er sie im Arm. Endlich! Was ihn am meisten dabei überraschte – er empfand es als etwas ganz Selbstverständliches. Alles ging wie von selbst. Wie hatte er sich vor Minuten noch davor gefürchtet, komplett zu verkrampfen. Nichts dergleichen. Marina passte sich ihm mühelos an. Als Tanzpartnerin war sie kaum zu spüren – als Frau umso mehr. Zum ersten Mal fühlte er ihre kleinen Hände auf seinem Körper, durfte auch er sie berühren. Er atmete aus der Nähe ihren Duft, von dem er geglaubt hatte, dass er seine Sinne in einen regelrechten Rausch versetzen würde. Nein – er empfand ihn nur als ausgesprochen angenehm, und das trug zu seiner heiteren Gelöstheit bei.

„Sie tanzen hervorragend", sagte er und führte seinen Mund dicht an ihr Ohr.

„Danke. du aber auch!", lachte sie zurück, das „Du" dabei betonend.

„Entschuldigung – daran muss ich mich erst gewöhnen."

Seine Heiterkeit bekam einen Dämpfer, als ihm ins Bewusstsein drang, dass eine solche Gewöhnungsphase womöglich mehr Zeit in Anspruch nehmen könnte, als ihnen verblieb. Mit einem Mal war ihm, als würde sich ein Rollstuhl zwischen sie drängen, sie zwingen, einander loszulassen. Hatte Marina zur gleichen Zeit eine ähnliche Vision?

In der nächsten Runde spürte er Unruhe bei ihr aufkommen. Das übertrug sich auf ihre Bewegungen, die von ihrer fließenden Leichtigkeit verloren. Die letzten Takte absolvierten beide fast schon verkrampft.

Als sie zum Tisch zurückkehrten, saß dort noch immer niemand.

„Donnerwetter, die alten Herrschaften haben aber eine Kondition", staunte Marina. Sie meinte damit den müden Friedhelm und seine dominante Elvira.

„Wie sagt man? Je oller, je doller", schmunzelte Maik, während er Marinas Stuhl zurechtrückte.

„Na ja – so wahnsinnig viel trennt uns ja auch nicht mehr vom Seniorendasein", dämpfte sie ihn.

Er nickte und deklamierte: „Darum nutze den Tag, es könnte ..."

„Och nöö, nicht diesen abgedroschenen Spruch", maulte sie und führte ihr Glas an den Mund.

Er nuckelte am Trinkhalm.

„Wo er nur bleibt?"

In ihren Augen las er Unruhe.

„Vielleicht ist das Sonnendeck so eine Art Ersatz für seinen Lieblingsberg?"

„Er hat Ihnen... äh... dir davon erzählt?", fragte sie und zog die Stirn in leichte Falten. „Er hat sich verändert", fuhr sie fort, und es war, als spräche sie mit sich selbst. „Ich habe stets seine Abgeklärtheit bewundert – seine innere Ruhe, aus der er Kraft schöpfte. In letzter Zeit spüre ich immer öfter eine Nervosität bei ihm, die ich bisher nicht kannte."

„Du liebst ihn sehr, nicht wahr?"

Sie schaute ihn an. Ihr Blick war nicht zu deuten.

„Wir gehören zusammen", sagte sie und versenkte die Augen im Glas. „Zwischen uns herrscht eine wunderbare Harmonie. Es scheint aber, als würde sie zunehmend gestört."

„Hast du eine Erklärung dafür?", glaubte Maik, nachhaken zu müssen.

Ohne den Kopf zu heben, sagte sie: „Ich fürchte, es hängt mit meinem Ex-Mann zusammen. Er wird bald aus der Haft entlassen. Thomas hat Angst, dass der mir etwas antun könnte. Er ist todunglücklich, weil er davon ausgehen muss, mich in einem solchen Fall nicht schützen zu können. Immer wieder spricht er dieses Thema an. Erst vor einigen Tagen hat er gerufen: ‚Marina! Wie soll ich dich beschützen – hier an dieses Scheiß-Vehikel gefesselt!' Dabei hat er mit beiden Fäusten auf die Lehnen des Rollstuhles eingeschlagen. So verzweifelt habe ich ihn noch nie erlebt."

Sie schwieg, Maik sah, wie ihre Hände fahrig über das Tischtuch wischten.

„Ich muss zu ihm!", sagte sie unversehens und sprang abrupt auf.

Maik fasste nach ihrer Hand, stand aber ebenfalls auf.

„Ich begleite dich. Womöglich klemmt er irgendwo fest."

War da Dankbarkeit in ihren Augen, als sie ihm zunickte?

Draußen empfing sie eine frische Brise. Die sonnig warmen Tage konnten nicht darüber hinwegtäuschen, dass der Herbst längst in seinem Versteck lauerte.

„Er wird sich verkühlen!" In ihrer Stimme schwang echte Besorgnis. Sie eilte die schmale Treppe zum Sonnendeck hinauf, sodass er Mühe besaß, ihr zu folgen. Oben angekommen blickten sich beide suchend um.

„Wir müssen zum Vorschiff", erklärte Maik und ging voraus.

Nach ein paar Schritten erkannte er die sich in der Dunkelheit undeutlich abhebenden Umrisse des Rollstuhles.

„Was habe ich gesagt, er genießt noch immer die herrliche Abendluft", lachte er.

Marina antwortete nicht, sondern beschleunigte ihren Gang. Schon waren sie so weit heran, dass Thomas sie hören musste.

„Heh Tom!", rief sie ihn an. „Du willst dir wohl eine Lungenentzündung holen? Nun komm aber! Ich werde …!"

Sie stockte unvermittelt, und plötzlich ein gellender Aufschrei: „Thomas!" Und noch einmal: „Thomas!"

Maik war neben sie getreten, schaute verwirrt auf die kleine Frau, die so entsetzlich schrie, jetzt nach vorn stürzte, vor dem Rollstuhl in die Knie brach und das dunkle Gefährt mit den Armen umschlang. Maik durchlief es eiskalt, fühlte sich starr werden.

„Oh nein", stöhnte es aus ihm heraus.

Der Rollstuhl war leer.

Klaus Friedrich

erblickte am 12. Juli 1951 in Schönau-Berzdorf/Sachsen das Licht der Welt.

Nach dem Abitur verschlug es ihn nach Dresden zum Studium der Fächer Deutsch und Kunsterziehung. Dort war er Mitglied der Studentenbühne und erprobte sich in der Schauspielerei.

Von 1976-2011 arbeitete er als Fachlehrer für Kunst und Deutsch in Lubolz und Lübben.

In einem postgradualen Studium erwarb er die Lehrbefähigung für die politische Bildung.

Der Ruhestand nach dem Schuldienst ermöglicht es ihm, nun noch intensiver auf Reisen zu fotografieren, Vorträge über den Spreewald in der Rehaklinik zu halten oder sich gelegentlich von der Muse küssen zulassen, um sich danach lyrisch auszuprobieren.

Plagenfragen

Liest man im zweiten Buch von Mose,
dort öffnet sich die Plagendose
und es erscheinen ihrer zehn.
Das Land soll nämlich untergehn.

Erforscht ihr die Geschichte tiefer,
dann handelt sie von Ungeziefer,
von Krankheit, Hagel oder Blut.
Am Ende wird doch alles gut.

Auch heute könnten wir verzagen,
dieweil uns quälen neue Plagen.
Am Wetter kann man sie erkennen
und ich will einige hier nennen:

Erst kam die Hitze, dann das Feuer,
der Fluten Schäden waren teuer.
Missernten, schlechte Luft
zerstören Umwelt und des Waldes Duft.

Ein Käfer dort in Bäumen nistet,
der bisher alle überlistet,
weil er ganz rücksichtslos schmarotzt
und schamlos der Vertreibung trotzt.

Sein Wirt stirbt durch ihn, das ist schade,
doch Willibald kennt keine Gnade.
Will er damit den Tipp uns geben,
dass nur die Bösen überleben?

Abb. 8 – „Zwischen Baum und Borke"
Eddingstift, Aquarell von Ingrid Groschke

Stoppt Willi – bald!

Der Borkenkäfer Willibald,
der macht vor keiner Kiefer halt.
Er bohrt sich schnell durch ihre Rinde,
auf dass er Holz darunter finde.

Ist erst ein Baum von ihm befallen,
setzt er ihm zu mit Maul und Krallen
und zeugt viel Borkenkäferlein.
Auch diese nisten sich dann ein.

Unter des Baumes harter Rinde
sind sie geschützt vor kaltem Winde.
Ist mal ein Sommer ziemlich trocken,
dann machen sie sich auf die Socken.

Mit Harz, da kann man Willi voll verkleben,
erschwerte so das Käferleben.
Der Fichte fehlts dazu an Wasser,
sie nadelt stark, wird braun und blasser.

Der Umstand ist für ihn der beste
und er zernagt nun auch die Äste.
Doch Rettung fehlt in diesem Falle.
Des Waldes Bäume sind fast alle

befallen von dem Ungeziefer.
So sterben Fichte ab und Kiefer.
Der Missstand ruft uns auf zum Handeln:
Das Klima darf sich nicht mehr wandeln!

Erst wenn der letzte Baum gestorben,
ist jedes Leben voll verdorben!
Drum seid auch ihr nun mit dabei,
wenn wir verringern CO_2!

Lasst öfter mal das Auto stehen,
ihr könnt zu Fuß zum Aldi gehen!
Wollt ihr die Hitzewellen stoppen,
dann fahrt mehr Rad, statt nur zu shoppen!

Willi – bald naht dein Ende!

Der Borkenkäfer Willibald
ist jetzt schon viele Jahre alt.
Im Wald, da möcht er bleiben,
nichts half, ihn zu vertreiben.
Versucht hat man so allerhand,
selbst starken Giften hielt er stand.

Doch neulich klopft es an dem Gang.
Es ist ein Tier, dem es gelang,
den Schutz der Borke zu entfernen.
Da musste Willi lernen:
„Es ist der Specht, der macht mich kalt,
will fressen auf den Willibald!"

Dieweil es pocht in seinen Ohren,
muss er sich tiefer in die Kiefer bohren!
Jedoch der Specht durchschaut die List
und hämmert weiter, bis er ist
in Willibaldens eigner Küche.
Dem helfen jetzt auch keine Flüche.

Er liegt dort hilflos in der Mitte
und stottert flehend diese Bitte:
„Verschone mich, du edler Specht!
Ich war doch niemals zu dir schlecht!
Bescheiden bin ich, ohne Stolz.
Ernähre mich von trocken Holz.

Die Bäume sind ja eh schon tot,
für mich sind sie das Abendbrot!
Der Klimawandel ist ihr Killer!"
Nun weinte er und wurde stiller.

Da sprach der Specht sehr leise
zu Willibald ganz weise:
„Du machst den Schaden nur komplett,
spielst deine Unschuld zwar ganz nett
und kannst sie nicht beweisen.
Drum werd ich dich verspeisen!"

Und die Moral von der Geschicht?
Das Schicksal klopft und schont dich nicht!
Es spricht dich schuldig vor dem Herrn
und hat dich dann zum Fressen gern!

Ilona Noack

Ich wurde 1953 in Lübbenau geboren. Bereits als Kind begann ich mit dem Schreiben von Gedichten und kleinen Geschichten.

Nach Beendigung der Schulzeit wurde die Beschäftigung mit dem Schreiben zu meinem persönlichen Hobby, das mich durch alle Lebensabschnitte hindurch begleitete.

Im März 2004 gab ich einen Gedichtband mit dem Titel „Spreewaldimpressionen – Bilder und Gedichte aus vier Jahreszeiten" im Eigenverlag heraus. Darüber hinaus erschienen einige meiner Gedichte und Geschichten in Anthologien und Autoreneditionen wie zum Beispiel in der Ausgabe „Wenn's im Urlaub regnet" von Ralph Ronneberger.

Seit 2005 bin ich im „Lübbener Autorentreff" tätig, und leite diesen seit nunmehr 15 Jahren.

Kontaktadresse: *Ilona Noack,*
Richard-Wagner-Straße 3
03222 Lübbenau

Leben

Wenn Wünsche immer kleiner werden,
und Träume sich im Sand verliern.
Dann ist es Zeit dein Lebensschiff
auf einen andren Kurs zu führn.

Sind dann die Würfel auch gefallen,
so nutze schnell den Augenblick.
Wirf allen Ballast über Bord,
und schau nicht mehr zu lang zurück.

Es warten auf dich neue Strände,
egal wie weit entfernt sie sind.
Drum setze nochmal alle Segel
und Hoffnung sei dein steter Wind.

Träume aus Glas

„Was zum Teufel…?"

In Josephas Ohren gellte ein auf- und abschwellendes Heulen, das sich schmerzhaft bis ins Gehirn vorarbeitete. Was war das? Ein Alptraum?! Um dem zu entkommen, versuchte sie die Augen zu öffnen. Aber das wollte nicht gelingen. Dafür fühlte sie Panik in sich aufsteigen. Doch jene verging überraschend schnell. Stattdessen überkam sie ein Gefühl der völligen Ruhe. Ihr wurde angenehm warm und sie schwebte nahezu schwerelos dahin. Sogar das Geheul schien schwächer zu werden.

Jemand nahm ihre Hand und streichelte sie vorsichtig.

„Ganz ruhig, alles wird gut.", hörte sie eine Männerstimme dicht an ihrem Ohr.

Josepha, glaubte immer noch, wenn auch sehr real, zu träumen und kam sich deshalb ziemlich veralbert vor. Sie war doch ruhig, alles war in Ordnung. Wieso war da aber ein Mann und was wollte er von ihr?

Endlich erwachte sie, vermochte die Augen zu öffnen und fand sich in einem Krankenwagen wieder. Jetzt brach sich die bereits als überwunden geglaubte Panik doch ihre Bahn. Hastig richtete sich die junge Frau auf und wollte von der Trage springen. Doch sie wurde energisch zurückgehalten.

„Hiergeblieben!" Die Männerstimme klang auf einmal gar nicht mehr freundlich und die streichelnde Hand griff nun energisch nach ihrem Arm. Erst jetzt bemerkte Josepha, die in ihrem Handrücken steckende Kanüle, deren dünner Schlauch zu einer an der Seitenwand hängenden Medizinflasche führte. Was war denn los mit ihr? Sie war nicht gestürzt, spürte auch keinerlei Schmerzen.

Abb. 9 – „Entsetzen"
Aquarell von Monika Schubert

„Ich bin Doktor Lauk, der Notarzt", stellte sich der fremde Mann vor. „Wir wurden zum Markt gerufen, weil sie dort an einem Verkaufsstand zusammengebrochen sind."

Bewusst verschwieg er den kritischen Zustand, in dem sich die wieder vor ihm liegende Frau befand. Nicht nur, dass sie an der Hüfte eine Verletzung hatte, die allein von einem Schuss herrühren konnte, begann sich bereits eine Sepsis auszubreiten.

Josepha hingegen verstand nur Bahnhof.

„Und wer sind Sie?" Erwartungsvoll sah sie der Arzt an.

Obwohl sie ihm gerne geantwortet hätte, konnte sie sich beim besten Willen an nichts, ja nicht einmal an ihren Namen erinnern. Stattdessen sackte sie in sich zusammen und fiel in eine perlmuttfarbene Wolke.

*   *   *

Kriminaloberkommissar Hartmut Schieske saß in der Polizeiwache und sah sich am PC die eingegangenen Strafanzeigen und Fahndungsmeldungen vom vergangenen Wochenende an.

„Möchte bloß wissen, wo Josepha wieder bleibt.", grummelte er dabei vor sich hin. „In letzter Zeit kommt sie häufig zu spät zum Dienst. Was musste sie auch hinaus auf den Bauernhof ihres Lebensgefährten ziehen?"

Verärgert, aber in keiner Weise beunruhigt, scrollte er weiter und drehte sich kaum um, als ein Kollege vom Wachdienst das Zimmer betrat.

„Du müsstest mal mit runterkommen", nuschelte der Revierpolizist ganz außer Atem, denn er war die Treppen in die zweite Etage zu Schieskes Büro eilig hinaufgestiegen.

„Das Krankenhaus hat angerufen! Eine Frau wurde dort mit einer Schussverletzung eingeliefert. Der Beschreibung nach könnte es sich sogar um unsere Josepha handeln".

„Schussverletzung?! Josepha?!"

Schieske wandte sich um und blickte seinen Kollegen an. Nein, der sah nicht aus, als wolle er sich einen Scherz erlauben. Sofort loggte sich der Kriminalist aus, sprang auf und folgte dem Revierpolizisten ins Erdgeschoss. Nun war er doch in höchster Erregung. Sollte es sich nicht um Josepha handeln, was er stark hoffte, dann war das hier auf jeden Fall etwas, dem es schleunigst nachzugehen galt.

Außerdem wurde es mal wieder höchste Zeit für eine Erfolgsmeldung an die übergeordnete Dienststelle. Trotz aller Anstrengungen dümpelten zum Beispiel die Ermittlungen zu den Diebstählen an Boilern aus den im ehemaligen Bahnreparaturwerk abgestellten Fernreisezugwagen immer noch vor sich hin.

Im Erdgeschoß angekommen, las sich Schieske die Notizen des Revierpolizisten durch und beschloss kurzerhand, ins Krankenhaus zu fahren. Dieser Fall duldete keinen Aufschub.

„Ich glaube trotzdem nicht, dass es sich bei der Angeschossenen um Josepha handelt", verabschiedete er sich von seinem Kollegen. Er wusste aber auch, dass hier vor allem der Wunsch der Vater seines Gedankens war.

* * *

Derweil flog Schieskes nur verspätet geglaubte Mitarbeiterin über eine endlose Wüste. Die gleißende Sonne brannte nicht nur auf ihrer Haut, sondern fraß sich in sie hinein und trocknete sie aus.

„Wasser", stöhnte Josepha. Erschrocken bemerkte sie, dass ihre Kehle furchtbar rau geworden war und ihr Rufen sicherlich zwecklos sein würde.

Plötzlich spürte sie, wie ihr Oberkörper langsam angehoben wurde. Ein feines Summen begleitete diesen Vorgang.

„Aufwachen!" Es handelte sich um eine Frauenstimme, die diese Aufforderung an sie richtete.

Gehorsam öffnete Josepha die Augen. Während ihr Blick die Umgebung zu erfassen suchte, fiel sie von einer Zeit in die andere. Um sie herum befanden sich kahle, weiße Wände und sie lag in einem Bett. Gierig griff sie nach dem ihr gereichtem Glas und trank es in einem Zug leer.

„Danke". Ihre Stimme war halbwegs zurück, alles schien gut. Und sicherlich beruhte ihr Aufenthalt in diesem Krankenzimmer auf einem Irrtum.

„Gerne". Die junge Frau an Josephas Bett lächelte, wobei sie die Bedienung des Notrufs am Bettgestell aufhängte. „Ich bin ihre Pflegerin und heiße Marit", stellte sie sich vor. „Und wie darf ich Sie ansprechen?"

Verdammt! Da war sie wieder! Diese Unsicherheit und der dumpfe Verdacht, etwas Schreckliches könne mit ihr geschehen sein. Nein, nichts war in Ordnung.

Hilflos blickte Josepha die Krankenpflegerin an. Wieso versagte ihr Gedächtnis bei einer derartig einfachen Frage?

Unvermittelt und ziemlich heftig wurde plötzlich die Tür geöffnet. Ein hochgewachsener Mann im mittleren Alter, dessen kurzgeschnittenes Haar an den Schläfen bereits ergraute, kam herein, orientierte sich kurz und trat dann schnurstracks an Josephas Bett.

„Na du machst mir vielleicht Sachen!", wandte er sich ohne eine Begrüßung, aber unverkennbar besorgt, an die halb aufgerichtete Frau. „Was ist dir denn passiert?"

„Häh?" Josepha blickte verwirrt auf den für sie völlig fremden Mann. Woher nahm er die Dreistigkeit, so vertraulich mit ihr zu reden?

„Können Sie mir eventuell verraten, wer Sie sind?"

„Nu mach aber mal halblang." Der poltrige Besucher sah verstört auf die Kranke hinab.

In deren Kopf begann sich erneut ein Fragenkarussell zu drehen.

„Hier muss eine Verwechslung vorliegen", vermutete sie und schaute hilfesuchend zur Schwester Marit.

„Also das glaub ich jetzt nicht!" Hartmut Schieske stand verwirrt und wie festgetackert neben dem Bett.

„Wenn Sie kein Verwandter der Patientin sind, muss ich Sie auffordern, das Zimmer schnellstens zu verlassen", wurde Marit energisch.

Als der Fremde weg war, traute sich Josepha, ihre dringendste Frage loszuwerden.

„Sagen Sie mir bitte, was mit mir los ist?"

„Das kann ihnen nur der Stationsarzt beantworten. Sprechen Sie mit ihm darüber." Mit diesen Worten wandte sich die Pflegerin der Tür zu und huschte aus dem Zimmer.

* * *

Auf dem Gang standen der Stationsarzt und der Kriminaloberkommissar Schieske und unterhielten sich lebhaft.

„Und sie sind sich ganz sicher, dass die Patientin Ihre Kollegin Josepha Schmiedig ist?"

„Na aber!"

„Kommen Sie mit." Der Mediziner wies auf eine Tür. „Ich würde mich mit Ihnen gern in meinem Büro weiter unterhalten."

Doch ehe ihm Schieske folgen konnte, klingelte das Handy in seiner Jackentasche. Mit einem entschuldigenden Blick in die Richtung des Arztes nahm er das Gespräch an.

„Wo bist du gerade?" Der Revierpolizist aus der Wache klang erneut aufgeregt.

„Im Krankenhaus. Unsere Josepha hat's ziemlich schwer erwischt. Sie weiß rein gar nichts mehr und ..."

„Ist vielleicht ganz gut so." Inzwischen war der Kollege am anderen Ende schon ein wenig ruhiger geworden.

„Wieso? Was meinst du damit?", wollte Schieske wissen.

„Auf dem Grundstück von Josephas Freund ist gestern Nacht eine Scheune abgebrannt. Die Kameraden von der Feuerwehr haben bei der Nachkontrolle eine verkohlte Leiche gefunden. Die Spusis und der Pathologe sind unterwegs".

„Ach du dickes Ding!"

Jetzt erst fiel Schieske ein, dass er gar nicht dazu gekommen war, seine Kollegin etwas sehr Wichtiges zu fragen. Aber in ihrem derzeitigen Zustand wäre dies ohnehin sinnlos gewesen. Blieb nur der Arzt. Er beendete das Gespräch und wandte sich an den Weißkittel.

„Frau Schmiedig hatte nichts Persönliches dabei, oder?", wollte er wissen.

Der Angesprochene schüttelte den Kopf.

„Dann hätten wir ja ihre Personalien gehabt." Erneut wies er auf die Tür zu seinem Arbeitszimmer.

„Stimmt", bestätigte der Kriminalist. „Für ein längeres Gespräch ist jetzt leider keine Zeit mehr, mir reicht auch ein Schnelldurchlauf."

„Wenn Sie es so wollen?" Resigniert hob der Mediziner die Schultern. „Schussverletzung an der Hüfte, glücklicherweise nur oberflächlich, könnte von einer Pistole stammen ..."

Als Schieske darauf nicht reagierte, führte der Arzt weiter aus: „Fortgeschrittene Sepsis und partielle Amnesie. Körperlich ist ihre Kollegin voraussichtlich in wenigen Tagen wieder fit, aber wie lange sich ihr Gedächtnisverlust hinzieht ...?" Zur Abwechslung hob er jetzt die Hände.

„Danke." Hartmut Schieske rannte nun fast zu seinem Dienstwagen.

Sofort fuhr er zu dem betreffenden Grundstück. Auf dem Weg dorthin ging ihm der Nebensatz des Arztes bezüglich der Ursache von Josephas Verletzung nicht mehr aus dem Kopf. War seine Kollegin etwa mit der eigenen Dienstwaffe verletzt worden und wenn ja, wo war die Pistole jetzt?

Als er an dem ziemlich abgelegenen Drei-Seiten-Hof eintraf, erwartete ihn schon der Pathologe.

„Männliche Leiche mit tödlicher Schussverletzung im oberen Brustbereich. Der Mann war bereits tot, als er samt Scheune angezündet wurde", erfuhr der Kriminalist von ihm.

„Im Wohnhaus gab es nichts Auffälliges – also keine Kampfspuren oder so", ergänzte der inzwischen hinzu gekommene Kollege von der Spurensicherung. „Allerdings lagen in der abgebrannten Scheune eine Unmenge Glasscherben, Schraubdeckel und zerkochtes Gemüse herum. Sieht fast so aus, als hätten deine liebe Mitarbeiterin und ihr Lebensgefährte dort palettenweise Konserven gehortet."

„Und die Tatwaffe?" Schieske ging mit keiner Silbe auf die Ausführungen ein.

„Fehlanzeige."

„Mist verdammter." Er konnte nun die in ihm aufkommende Unruhe kaum verbergen. „Auch keine Dienstpistole?"

„Nein – rein gar nichts."

„Gibt's noch irgendwelche Fragen zur Leiche?", mischte sich jetzt der Pathologe ein. „Ansonsten mach ich mich vom Acker."

Da er keine Antwort bekam, verschwand er in seinem Auto. Kurz darauf folgten die anderen Kollegen seinem Beispiel und ließen einen ziemlich ratlosen Hartmut Schieske zurück.

Die Sache wurde für ihn ständig verworrener, und wie sollte er in seinem Tagesbericht den offensichtlichen Verlust von Josephas Pistole formulieren, ohne dass es für sie gleich schwerwiegende Konsequenzen nach sich ziehen würde? Immer noch einen Schimmer an Hoffnung in sich tragend, wandte er sich der Brandruine zu. Die

Scheune war bis auf die Grundmauern heruntergebrannt. Herab gefallene verkohlte Balken lagen, durcheinandergeworfen, wie riesige Mikado-Stäbe auf dem Boden. Es stank nach Rauch und Asche und noch nach etwas anderem, was der Kriminalist zunächst nicht einordnen konnte.

„Nur gut, dass die Feuerwehrleute so aufmerksam waren", sinnierte er. „Sonst hätten sie in den Trümmern die Leiche nicht gefunden. Sollten sie wahrscheinlich auch nicht. Denn das hier sieht nicht nach einem Unfall aus."

Während er seinen Gedanken nachhing, suchte er mit dem wissenden Blick eines Ermittlers, der nicht nur nach eventuell vorhandenen weiteren Spuren Ausschau hielt, sondern gleichzeitig nach dem Tatmotiv forschte, den mit Gemüsematsch und Scherben bedeckten Fußboden ab. Vielleicht hatten ja die Feuerwehrleute und Spurensicherer in diesem Chaos doch Josephas Pistole übersehen.

Plötzlich stieß er mit dem Fuß an ein relativ frei liegendes unzerstörtes Konservenglas. Gleich daneben entdeckte er ein weiteres. Vorsichtig hob er beide Gläser auf und brachte sie zu seinem Auto. Dort packte er eines der Behältnisse in eine für solche Fälle bereit liegende Papiertüte. Vielleicht ließen sich darauf doch noch irgendwelche Spuren feststellen. Das andere Glas wischte Schieske sorgfältig ab und versuchte von außen dessen Inhalt zu erahnen.

„Komisch, dass es bei der Hitze nicht auch geplatzt ist."

Beherzt schüttelte er es. Statt des erwarteten Gluckerns war nur ein Rascheln zu hören. Von einem inneren Vorgefühl getrieben, öffnete er den Schraubdeckel. Seine Ahnung hatte ihn nicht getrogen. Im Glas befand sich eine grobkörnige kristalline Substanz.

„Meth!", fluchte der Kriminalist laut.

* * *

Josepha war gerade dabei, ein wenig einzudösen, als sie mit einem Mal das Gefühl bekam, nicht mehr allein im Krankenzimmer zu sein. „Marit sieht aber oft nach mir", wunderte sie sich, während sie sich noch etwas weiter auf die Seite drehte, um trotz des angeschlossenen Tropfes etwas bequemer zu liegen.

Plötzlich drückte sie jemand mit seinem Körper von hinten grob auf das Bett. Gleichzeitig wurde ihr der rechte Arm auf den Rücken gedreht. Etwas schweres Kaltes berührte ihre Hand. Während ihr Gesicht so tief in das Kopfkissen gedrückt wurde, dass sie daran fast erstickte, bog der Angreifer ihre Finger um den unverkennbar metallischen Gegenstand, ehe er Josephas rechten Arm nach oben führte.

In der Frau blitzte so etwas wie eine Erinnerung auf. Mit ganzer Kraft kämpfte sie gegen die Umklammerung und rief, als sie wieder atmen konnte, laut um Hilfe. Es gelang ihr sogar, die Notruftaste am Bettgestell zu erreichen und zu drücken. Sofort ließ der Druck nach. Scheppernd fiel etwas Schweres zu Boden. Gleich darauf wurde das Fenster aufgerissen. Ein Geräusch von brechenden Zweigen blieb in der Luft hängen, dann wurde auch schon die Tür geöffnet.

Es dauerte nur den Bruchteil einer Sekunde, bis die Pflegerin begriff. Ihr Herz begann ihr bis zum Hals zu schlagen. Sie versuchte, möglichst unbefangen zu wirken, während sie fragte: „Alles okay bei Ihnen?!"

Obwohl sie darauf keine Antwort erhielt, lief sie zunächst ans Fenster und beugte sich weit hinaus. Aber da gab es außer einer eingedrückten Hecke nichts mehr zu sehen. Als sich Marit wieder ihrer Patientin zuwandte, entdeckte sie den auf die Erde gefallenen Gegenstand. Es handelte sich um eine Pistole. Zu Tode erschrocken, aber dennoch geistesgegenwärtig, kickte die Pflegerin die Waffe mit dem Fuß unter den Tisch. Dann kümmerte sie sich um Josepha.

Behände stellte sie das Kopfteil ihres Bettes höher und betastete ihren Hals, auf dem deutlich die Fingerabdrücke des Angreifers zu erkennen waren.

„Ist ja nichts weiter passiert", sprach sie dabei beruhigend auf die Kranke ein.

Doch jene war infolge des Schocks in eine Art von Starre gefallen. Über ihr Head Phon rief Marit den Stationsarzt, beschrieb ihm in wenigen Sätzen, was eventuell passiert war und erwähnte dabei auch den Pistolenfund.

Es dauerte nur einige Minuten bis zum Eintreffen des Mediziners, der inzwischen auf der Polizeiwache angerufen hatte.

* * *

Hartmut Schieske war gerade dabei, den Tagesbericht zu schreiben, als ihn sein Handy unterbrach. Bis dato war er immer noch davon überzeugt, dass Josepha weder in den Mord noch in den Rauschgiftfund bei der abgebrannten Scheune verwickelt war. Wesentlich mehr Bauchschmerzen bereitete ihm die immer noch verschwundene Dienstwaffe. Als ihm nun der Stationsarzt den Fund meldete und das vermutliche Geschehen schilderte, hätte er am liebsten erleichtert mit der flachen Hand auf die Schreibtischplatte geschlagen. Wenn jemand versucht hatte, seine Kollegin umzubringen, und nur zu diesem Zweck war ja offensichtlich die Pistole mit ins Krankenzimmer gebracht worden, dann gab es an Josephas Unschuld keinen Zweifel mehr. Seine Aufgabe bestand jetzt darin, dies auch zu beweisen.

Dazu gehörte, dass er nun selbst in die Klinik fuhr. Dort nahm er als erstes die von der Pflegerin entdeckte Pistole an sich, bei der es sich tatsächlich um Josephas Dienstwaffe handelte. Im Magazin fehlten drei Patronen.

„Hoffentlich steckt nicht noch eine im Lauf", fuhr es dem Kriminalisten durch den Kopf. Schnell sah er nach. Tatsächlich fand er seine Vermutung bestätigt, die Waffe war durchgeladen. Jetzt wurde auch dem Stationsarzt etwas mulmig.

„Da haben wir wohl alle einen Extra-Schutzengel gehabt."

„Ja, und meine Kollegin kann leider nichts mehr darüber sagen, was hier eigentlich passiert ist.", stellte Schieske etwas verärgert fest.

„Ich musste ihr gegen den Schock ein starkes Beruhigungsmittel geben", verteidigte sich der Mediziner.

„Schon gut", beschwichtigte der Kriminalist. Er war in Gedanken bereits einen Schritt weiter.

So viel stand fest. Das Zimmer musste rund um die Uhr bewacht werden. Trotz des strafenden Blickes des Mediziners über die Benutzung des Handys auf der Krankenstation leitete Schieske mittels dessen die notwendigen Schritte ein und wusste bereits, dass seine Nacht kurz werden würde.

Deshalb gestattete er sich, am nächsten Tag etwas später zum Dienst zu erscheinen.

„Na endlich", empfing ihn ungeduldig der Revierpolizist. „Der Schrotthändler am alten Bahnreparaturwerk hat schon zweimal angerufen. Es gibt eine neue Ladung Buntmetall."

„Soll ich dir mal was sagen?!", fuhr ihn Schieske ungehalten an. „Das scheiß Buntmetall interessiert mich im Moment nicht die Bohne!"

„Ich meinte ja nur", duckte sich der Kollege weg. „Weil du extra gesagt hattest, er soll anrufen."

„Schon gut. Ich fahr hin", kam es versöhnlich zurück. Schließlich konnte der Wachdiensthabende nichts dafür, dass sich momentan zwei schwere Fälle, die gleichermaßen keinen Aufschub duldeten, miteinander kreuzten.

Gerade noch rechtzeitig traf der Kripobeamte beim Schrotthändler ein.

„Diesmal habe ich mir auch die Handynummer notiert". Sichtlich stolz über seine Mitwirkung reichte ihm der kleine glatzköpfige Mann einen Zettel.

„Na damit lässt sich doch schon mal etwas anfangen."

Noch ehe der Kriminalist weiterreden konnte, betrat eine blonde hochgewachsene und sehr maskulin wirkende Frau das Büro.

„Ich geh dann mal", mimte Schieske einen Kunden. „Bis bald mal wieder."

Draußen auf dem Hof stand ein Kleintransporter, dessen Ladefläche mit Buntmetallstücken und Kupferkabelresten voll beladen war und augenscheinlich jener Frau gehörte, die gerade das Büro betreten hatte. Sofort fotografierte der Kriminalist unauffällig das Fahrzeug, riskierte einen Schnappschuss durchs offene Bürofenster und fuhr zur Wache zurück. Vielleicht konnte er ja anhand der Fotos bei der Bearbeitung dieses Falles weiterkommen.

Während er die Halterabfrage zu dem betreffenden Kleintransporter einleitete, erhielt er auf seinem Computer eine Mail vom Pathologen. Bei dem in der abgebrannten Scheune gefundenen Toten handelte es sich um Maik Budnik, dem Lebensgefährten seiner Kollegin und er war eindeutig mit ihrer Dienstwaffe erschossen worden. Damit brauten sich schon wieder dunkle Wolken über Josepha zusammen.

Auch deshalb ließ Schieske nun Buntmetall einfach Buntmetall sein und fuhr stattdessen noch einmal zum Drei-Seiten-Hof hinaus. Erneut suchte er das gesamte Gelände ab, ohne recht zu wissen, was er dort zu finden gedachte. Fast nebenher stieß er hinter einer anderen Scheune auf drei mit Planen bedeckte Stapel. Ahnungsvoll lugte er darunter. Unter der ersten befand sich Heu, unter der zweiten Feuerholz und unter der letzten ...

„Ups!", entfuhr es dem Kriminalisten. Sein Instinkt und der Zufall hatten ihm doch tatsächlich eine Palette mit jenen Gemüsekonserven zugespielt, in denen er auch das Meth entdeckt hatte. Sie waren noch original etikettiert und somit ihre Herkunft ablesbar. Aber wie passte das alles zusammen? War Josepha doch nicht so ganz unschuldig, wie er bisher geglaubt hatte? Statt der Lösung des Problems näher zu kommen, türmten sich vor Schieske neue Fragen auf.

* * *

Seine Kollegin im Krankenhaus ahnte nichts davon. Während ihres Wachtraums stand sie in einem riesigen perlmuttfarbenen Rondell. Unzählige Fotos wirbelten um sie herum. Sobald es ihr gelang, eines davon zu fangen, erblickte sie darauf immer nur ihr unbekannte Orte oder Menschen.

Was hatte es zum Beispiel mit dieser alten Scheune auf sich und wer war der gleichaltrige Mann, der sie mit traurigen Augen ansah? Gehörte er zu ihrem oder zu einem anderen Leben? Nichts stimmte mehr und das Schlimmste war, sie ahnte es irgendwie und konnte trotzdem nichts daran ändern.

Plötzlich drang ihr ein bekannter beißender Geruch in die Nase und Josepha hatte das Gefühl, endlich einen Ausgang aus diesem Gefängnis zu finden.

„Maik? Bist du das?"

Hartmut Schieske, der noch einmal ins Krankenhaus gekommen war und nun an ihrem Bett saß, wusste nicht, wie er sich verhalten sollte, zumal er nicht mit ihr allein im Zimmer war. Er steckte regelrecht zwischen Baum und Borke. Was konnte er noch glauben? Hatte er sich in dieser kleinen dunkelhaarigen Frau, die bequem unter seinem ausgestreckten Arm hindurchlaufen konnte, vielleicht doch geirrt?

„Nein, ich bin's."

Die sich einen Spalt breit geöffnete Tür fiel wieder zu und Josepha stand erneut im schillernden Nichts.

„Wie hat Sie Ihre Kollegin gerade genannt?" Der Psychologe, der alles beobachtet hatte, wandte sich aufmerksam geworden, mit diesen Worten an den Kriminalisten.

„Maik."

„Und wer ist das?"

Sollte Hartmut Schieske den Mediziner einweihen?

„Ihr Lebensgefährte". So, nun war es raus. Im Moment ließ sich eh nichts mehr ändern. „Wir haben ihn tot in einer abgebrannten Scheune gefunden."

„Und sie weiß es noch nicht?"

Wohin steuerte der Nervenklempner mit dieser Fragerei hin?

„Sie müssen irgendetwas an sich haben, was ihre Kollegin an ihren Lebensgefährten erinnert, etwas sehr Persönliches, wie zum Beispiel einen speziellen Geruch oder so."

Na klar, das war's! Dem Kriminalisten fiel es wie Schuppen von den Augen. Er trug noch immer den gleichen Parka, mit dem er auch bei der Brandruine war. Jetzt konnte er den ihm anfänglich unbekannten Geruch auch einordnen. Es handelte sich um ein Gemisch aus kaltem Rauch und verschweltem Kunststoff. Sofort fielen ihm die Kabelstücke auf dem Kleintransporter ein. Er musste unbedingt noch einmal zu diesem Schrotthändler. Aber zunächst wollte er wissen, wie es mit seiner Kollegin weiter ging.

„Tja", wich ihm der Facharzt aus. „Das kann mitunter sehr lange dauern und ein anderes Mal sehr schnell gehen. Es muss, wie ich bereits sagte, der richtige Ansatz gefunden werden."

„Also nichts Genaues weiß man nicht."

„So in etwa."

„Dann bleibt uns beiden nur übrig, nicht aufzugeben", verabschiedete sich Schieske.

„Jeder auf seinem Gebiet", schickte ihm der Psychologe hinterher.

Auf der Wache empfing ihn der Revierpolizist mit einer erfreulichen Nachricht. „Wir haben den Halter vom Kleintransporter."

„Ach ja?"

Warum grinste der ältere Polizist wie ein Honigkuchenpferd?

„Es ist Bodo Radync."

„Ja und weiter?"

„Ach so." Der Kollege tippte sich mit der flachen Hand gegen die Stirn. „War ja vor deiner Zeit."

„Musst du jetzt schon wieder damit anfangen?", fragte Schieske verärgert.

Jedoch davon völlig unberührt, öffnete der Kollege eine Seite auf seinem PC und las vor: „Bodo Radync, geboren – laber, laber, laber – reichlich vorbestraft, saß für mehrere Jahre in der Justizvollzugsanstalt Gleisenau wegen schwerer Körperverletzung, Angriff auf Polizeibeamte und Bandenkriminalität im Rauschgiftmillieu."

„Schwerer Junge", fügte er nach einer kleinen Pause an.

„Das kannst du wohl laut sagen", pflichtete ihm Schieske bei.

„Scheint aber inzwischen solide geworden zu sein, arbeitet bei der Firma Elster als LKW-Fahrer", ergänzte der Wachdiensthabende.

Sofort fielen dem Kriminalisten die auf dem Drei-Seiten-Hof gefundenen Gläser ein.

Daher wehte also der Wind und von wegen solide geworden! Aber noch ehe er den älteren Kollegen über seine Beobachtungen unterrichten konnte, gab dieser immer noch übers ganze Gesicht grinsend seinen Erfahrungsschatz weiter. „So, und nun verrate ich dir noch etwas: Bodo Radync und Maik Budnik sind, pardon, waren Halbbrüder – gleiche Mutter, verschiedene Väter."

„Wow!" Nun hielt Schieske nichts mehr an seinem Platz. „Ist doch komisch, wie so manches zusammenpasst."

„Wie meinst du das jetzt?" Im Nu erlosch das Lächeln im Gesicht des Älteren. Etwas befriedigt stellte der Kriminalist fest, dass er gegen den auf überschlau mimenden Wachhabenden einen kleinen Sieg errungen hatte. Für ihn fügten sich bereits die ersten Puzzleteile aneinander.

„Liebe macht manchmal wirklich blind", stellte der Kripo-Beamte wenig später für sich selbst fest. Dahinein mischte sich aufkommendes Bedauern, das er Josepha entgegenbrachte. War sie wirklich so naiv gewesen? Andererseits bestand die Möglichkeit, dass sie tatsächlich etwas entdeckt hatte und deshalb in letzter Zeit so oft zu spät zum Dienst erschien. Vielleicht hatte sie ja auch ihren Freund zur Rede gestellt und es kam dabei zu dem tödlichen Schuss.

Nein. Schieske schob diesen Gedanken beiseite. Damit befand er sich garantiert auf dem Holzweg. Wichtig für ihn war, jetzt herauszufinden, ob jene Frau, die vorhin beim Schrotthändler aufgetaucht war, auch von dem Rauschgift wusste. Schließlich benutzte sie für ihre Lieferfahrten den Kleintransporter von Bodo Radync. Behände öffnete Schieske auf dem PC seine Seite und zeigte dem Kollegen die beim Schrotthändler gemachte Aufnahme.

„Ach guck an", grinste dieser erneut wissend. „Die Reni ist auch wieder mit dabei."

„Wenn du schon so viel weißt, kannst du mir sicherlich auch etwas über diese Reni erzählen", wandte sich der Kriminalist nun an den Älteren.

„Die Reni heißt eigentlich Irene Strohschütte und gehörte bereits als Kind zu diesem Dreierpack. Haben so manches ausgeheckt, auch reichlich Grenzwertiges."

„Nun spann mich doch nicht so auf die Folter. Du weißt ganz genau, was mich …" Schieske wurde langsam ungeduldig.

„Ja, ja." Der Revierpolizist machte eine wage Handbewegung. „Die Reni ist schon länger Bodos Freundin und die beiden haben im Gegensatz zu Maik ihr kriminelles Tun …"

Ehe er – erneut ganz obenauf – noch mehr von seinem Hintergrundwissen preisgeben konnte, wurde er über Funk angerufen.

Irgendetwas tat sich im alten Bahnreparaturwerk, meldeten die Streifenpolizisten. Sie hatten einen schwer mit Konserven beladenen Kleintransporter bemerkt, der laut polizeilichem Kennzeichen Bodo Radync gehörte und der jetzt zu einer verlassenen Werkhalle fuhr.

„Nur weiter beobachten!", ordnete Schieske an und machte sich sofort auf den Weg dorthin.

In der ziemlich herunter gekommenen Industriebrache ließ er sich von den beiden Beamten über das bisherige Geschehen informieren und bat sie, in seiner Nähe zu bleiben.

Die letzten Meter bis zum betreffenden Gebäude legte der Kriminalist zu Fuß zurück. In der Werkhalle roch es beißend nach verbrannten Kabelummantelungen und war es, bis auf ein müde vor sich hin flackerndes Feuer, stockdunkel. Trotzdem gelang es Schieske in diesem diffusen Licht, die beiden miteinander streitenden Personen zu erkennen.

„Du blöde Kuh", hörte er Bodo Radync schimpfen. „Zuerst lässt du dich beim Abladen der Gläser mit dem Meth von der Polizistentucke überraschen und dann kriegst du es nicht mal hin, sie im Krankenhaus …"

„Selber blöd!", keifte eine Frau, die unverkennbar jene Reni war, zurück. „Alles tanzt nach deiner Pfeife. Dabei lief alles so gut."

„Ja, ja, immer irgendwelche Kabelreste abbrennen, die Maiki aus der Firma mitbringt und ab und zu mal `nen Boiler aus den Zügen, immer schön klein-klein."

„Na und? Auf jeden Fall besser als das jetzt. Maiki würde noch leben und ich …". Die Frau verfiel in einen weinerlichen Ton.

„Komm mir jetzt nicht so!" Bodo Radync trat wütend näher an seine Komplizin heran. „Du hängst da genau so tief drin wie ich."

Hartmut Schieske hatte in seinem Versteck genug gehört. So unauffällig es ging, lief er zu den im Streifenwagen wartenden Kollegen und forderte für die Verhaftung der beiden Verdächtigen weitere Kräfte an.

* * *

Die schimmernden Wolken hatten sich endlich ins Nichts verzogen. Josepha, nun bereits in einer stationären Therapie, durchlebte im Beisein des Psychologen noch einmal jene schrecklichen Stunden auf Maiks Grundstück. Erneut sah sie sich mit ihrer Waffe in der Hand über den dunklen Hof laufen. Bereits seit Längerem hatte sie den Verdacht, dass mit den Gemüsekonserven etwas nicht stimmen könnte. Derart große Mengen konnten nicht von verunglückten LKWs stammen, wie Bodo immer behauptete.

Nachdem sie an jenem unglückseligen Abend Reni beim Aussortieren einiger Gläser überrascht hatte, wurden ihre schlimmen Ahnungen noch einmal befeuert. Deshalb war sie auch ins Haus gerannt, hatte Maik davon erzählt und, während sie ihre Waffe aus dem Tresor holte, ihn gebeten, die Polizei zu verständigen. Stattdessen war er aber zur Scheune gegangen. Wollte er seinen Halbbruder und dessen Freundin warnen? Josepha würde es nie mehr erfahren, denn als sie dort ankam, schlang ihr Bodo von hinten seinen Arm um den Hals und erwürgte sie beinahe. Gleichzeitig führte er ihre Hand mit der Waffe in Maiks Richtung und löste den tödlichen Schuss aus. Es gelang ihr noch gerade so, sich aus dem Würgegriff zu befreien und davon zu laufen. Sie wusste, dass Bodo auch sie nicht am Leben gelassen hätte. Dass sie von seinem nachgesetzten Schuss verletzt wurde, hatte sie erst viel später bemerkt.

Danach war alles im Dunklen versunken, bis sie wieder im Krankenwagen erwachte. Aber das war im Grunde auch unwichtig. Schon jetzt flaute ihre Trauer um Maik ab und wusste sie, dass für sie ein neues Leben weit weg von diesem verhängnisvollen Ort beginnen könnte.

* * *

Am Ende dieser ereignisreichen Tage saß Hartmut Schieske in der Wache an seinem Schreibtisch. In Gedanken ließ er das Geschehen um die Lösung der beiden Fälle, die anfangs scheinbar nichts miteinander zu tun hatten, noch einmal an sich vorüberziehen. Aufgrund seiner soliden Arbeit standen die Signale für eine baldige Beförderung nun ziemlich sicher auf Grün, ebenso die für eine Versetzung.

Vielleicht konnte er ja Josepha, wenn sie wieder gesund war, überreden, sich auch in seine Nähe versetzen zu lassen. Doch im Moment zählte für ihn die Tatsache, dass er sie von einem schweren Verdacht befreit hatte, mehr als alle Zukunftspläne.

Herbstanfang

Noch einmal steigt der Vollmond auf
mit sattem honiggelbem Glanz,
und Grillen zirpen liebestoll
ihr Lied zum letzten Hochzeitstanz.

Als wüssten sie, dass nun die Tage
sehr oft verhüllt im Nebelkleid,
und regenschwere Stürme nahen.
Die Gänse machen sich bereit

für ihre Reise in den Süden.
Dorthin, wo niemals Eis und Schnee,
wo Mandelbäume stetig blühen.
Ich lauf hinunter schnell zum See,

an dessen Ufer welkes Laub,
sich raschelnd hebt mit jedem Schritt,
und möchte jene scheuen Vögel
am liebsten bitten: „Nehmt mich mit!".

Die Nacht streut ihre schönsten Sterne
zum Abschied auf das Wiesenhaar.
Lässt reife Äpfel süßer duften.
Der Sommer geht für dieses Jahr.

Helga Lehmann-Kuhnt

Geboren: 1953 in Magdeburg.

Berufe: Friseurin, Bürokauffrau, Betriebswirt des Handwerks, inzwischen Rentnerin.

Familienstand: Verheiratet, drei Kinder, fünf Enkelinnen.

Lebensmittelpunkt: seit 1977 wohne ich in einem Dorf in der Nähe von Lübben.

Hobbys: Schreiben, Zeichnen, Malen, Handarbeiten, Gärtnern und alles was sonst so Spaß macht.

Schreiben: Gedichte, Kurzgeschichten, Märchen, Erlebnis- und Fantasiegeschichten.

Zeichnen: Porträtzeichnungen, Zeichnungen für meine Geschichten und Gedichte, Fantasiezeichnungen, Malen mit Farben – seltener.

Vereinsleben: Autorentreff, Ehrenamtliche Tätigkeit beim DRK.

Seit 2009 bin ich Mitglied im „Lübbener Autorentreff". Bei Lesungen trage ich meine Gedichte und Kurzgeschichten vor.

Erreichbar bin ich unter: *www.goldene-feder@web.de*

Engel und Teufel

Ein Traum

Mein Kopf brummt. Meine Augen, das Gesicht, der Hals, der ganze Körper schmerzt. Mal ist mir heiß, mal ist mir kalt. Hustenanfälle plagen mich bis zum Erbrechen. Mir tut der ganze Brust- und Bauchraum weh.

Ich liege im Bett. Jede Bewegung, selbst die meiner geschwollenen Finger, schmerzt. Also, bloß nicht bewegen. Ich liege und starre an die Decke. Mir geht es so elendig.

Plötzlich, wie in einem Zaubermärchen, steht ein kleiner schwarzer Teufel mit feuerrotem Spitzbart und ebenso roter Schwanzquaste auf meiner Bettdecke. Mit seinem Dreizack piekt er in die Bettdecke und stützt sich darauf ab.

„Na?" Grinsend tänzelt er um den Dreizack. „Dein Ende naht, ich steh bereit und freue mich auf unseren gemeinsamen Weg."

Schelmisch schaut er mich an.

Noch ehe ich etwas antworten kann, erscheint ein kleiner Engel. Er ist kaum größer, als meine Hand lang ist. Eine Wolke aus glitzernden Sternen umgibt ihn. Er stellt sich dem Teufel gegenüber, Auge in Auge.

„Lass sie zufrieden, sie ist sehr krank und du belegst sie mit deinem unsinnigen Gequatsche. Sie braucht Ruhe. Verschwinde, du Teufel."

Nase an Nase stehen die beiden auf meiner Decke und fauchen sich an wie zwei Kater in der Ranzzeit.

„Ich fasse es nicht, wo kommt ihr denn beide her?" Habe ich das wirklich gesagt? Oder fantasiere ich?

Ich schließe die Augen und denke: ‚Oh Gott, lass es schnell vorbei sein.'

Stunden sind vergangen. Ich erwache, kann mich nicht bewegen. Mein Körper fühlt sich an, als würde eine riesige Rouladenklammer mich umfassen und zusammendrücken. Meine rechte Körperhälfte scheint geschwollen zu sein. In meiner Nieren- und Lebergegend drückt und spannt alles. Mein Magen, wie ein Feldstein, so rund, so hart, so schwer. Ich kann mich nicht einmal zur Seite drehen.

Engel und Teufel sind verschwunden, also war es doch nur eine Halluzination. Ich drehe meinen Kopf zur Seite und schlafe wieder ein.

Geweckt von hämmernden Geräuschen in der Wohnung über mir und dem Dröhnen in meinem Kopf, stelle ich fest, draußen ist es bereits hell. Wieviel Stunden habe ich geschlafen? Mein Körper ist wie Blei, schwer und nassgeschwitzt. Nur mit Mühe kann ich mich zur Seite drehen.

Es ist schon zehn Uhr durch.

Wieder auf dem Rücken liegend, starre ich zur Decke und lasse die letzten vierundzwanzig Stunden vor meinem inneren Auge Revue passieren. Meine Gedanken müssen sich ordnen. War das eine Nacht!!!

Die Rouladenklammer ist weg. Alles ist auf dem Weg der Besserung?

„Wieder einmal dem Teufel von der Schippe gehopst", sagt eine zarte Stimme. Ich schaue auf meine Bettdecke und da steht der kleine Engel und lächelt mich an.

„Wo ist das Teufelchen?", frage ich verwundert.

„Das ist über alle Berge."

„Und du, was machst du hier?"

„Ich will sehen, wie es dir geht."

„Es geht mir wieder besser."

„Gib auf dich acht", sagt das Engelchen.

Mit einer Bewegung seines kleinen Sternenzepters verabschiedet es sich und tausende funkelnde Sterne schweben über meinem Bett.

Als die Sternenwolke verzogen ist, bin ich wieder allein.

Eine Fliegenfamilie

Die Mama Fliege hat zu tun,
und kaum noch Zeit sich auszuruhn,
denn sie hat Kinder, sieben Stück,
die sind ihr ganzes Lebensglück.

Der Fliegenpapa, ach wie dumm,
der treibt sich in der Welt herum.
An seine Kinder denkt er nicht,
er drückt sich vor der Vaterpflicht.

Doch Mama Fliege ist ganz froh,
sie kümmert sich doch sowieso
um alle Kinder und um sich,
den Fliegenpapa braucht sie nicht.

Vollmondnacht

Wenn ich nachts nicht schlafen kann,
schau ich den Sternenhimmel an,
und stell mir vor, wie es wohl wär,
käm von dort ein Raumschiff her.

Es schwebt hernieder und hält dann,
vorm Haus, wo ich es sehen kann.
Aus dem Raumschiff steigt gemütlich,
ein Marsmensch, nun ganz friedlich.

Er winkt mir zu, ich glaub' es kaum,
ist das denn wirklich – oder Traum?
Wir steigen ein und fliegen fort,
zu einem unbekannten Ort.

Es schlägt mein Herz, mir wird ganz warm,
er hält mich fest in seinem Arm.
In meinem Kopf dreht sich die Welt,
und das ganze Himmelszelt.

Ein leichter Ruck, ein heller Schein,
ich stelle fest – ich bin allein,
und steh am Fenster in der Nacht.
Ich hab mir alles ausgedacht.

Ich frage Gott

Ach, lieber Gott, ich frag dich heut:
„Hast du es nicht schon längst bereut?
Diese Welt hier zu erschaffen,
mit Natur und Menschenaffen?"

Ich frag dich, ärgert es dich nicht,
dass sie sich so verändert hat,
seitdem du schufst, das erste Blatt?
Lieber Gott, so sage mir,
ist sie so gewollt von dir?

Ich habe Angst es könnt' passieren,
dass wir diese Welt verlieren.
Dass sie irgendwann mal untergeht
oder alles hier in Flammen steht.

Ich habe Angst um jedes Kind,
weil viele Kinder hungrig sind.
Ich hab auch Angst, um all die „Alten",
die einst halfen, sie zu gestalten.

Ich wünsche es wird nie passieren,
dass wir diese Welt verlieren.
Denn tief in meinem Herzen drinnen,
ist Hoffnung, Hoffnung auf Besinnen.

Noch ...

Noch ist unser Leben schön.
Noch können wir die Sterne sehn.
Noch hören wir die Kinder lachen.
Lasst uns die Welt noch schöner machen.

Die Zeit ist reif, es zu verstehen,
neue Wege nun zu gehen,
unsre Welt umzugestalten,
aufzubau'n und zu erhalten.

Kriege gilt es zu vermeiden,
Menschen dürfen nicht mehr leiden.
Noch ist unser Leben schön,
lasst die Welt nicht untergehn.

Wachet auf und werdet klug,
Not und Elend gab's genug,
wachet auf und werdet schlau,
sonst bleibt der Himmel nicht mehr blau.

.

Sonne, die nie wieder scheint
und die ganze Menschheit weint.
Noch ist unser Leben schön,
lasst die Welt nicht untergehn

Noch hören wir die Kinder lachen,
noch können wir es **richtig** machen.
Noch können wir die Sterne sehn,
noch ist unser Leben schön.

Noch ist es nicht zu spät.

Sorgt dafür!

Dass die Welt, nicht untergeht!!!

Abb. 10 – „Kannomühle"
Gemälde in Öl von Monika Schubert

Das verkaufte Glück
Fantasiegeschichte

Es war einmal vor langer, langer Zeit in einem fernen Land. Dort lebte ein Kaufmann mit seiner Frau und seinen beiden Söhnen. Die Geschäfte gingen gut und sie lebten glücklich und zufrieden.

Mit den Jahren wurde der Kaufmann zum wohlhabendsten Mann in der Stadt. Trotzdem fühlte er sich nicht wohl. Das Leben war ihm zu eintönig geworden. Mehr und mehr verbrachte er seine Zeit mit anderen Kaufleuten beim Glücksspiel und bei Trinkgelagen. Seine Frau sah dies mit Sorge und sprach mit ihm über ihre Ängste, alles zu verlieren. Er winkte ab: „Wir sind die reichsten Leute der Stadt, du musst dir keine Sorgen machen."

Tage vergingen, die ängstlichen Worte seiner Frau gingen ihm nicht aus dem Kopf. Er überlegte, was er tun könnte, um ihr zu zeigen, dass sie sich nicht sorgen müsse.

So sprach er zu ihr: „Ich habe eine Idee. Wie wäre es, wenn ich einen Teil unseres Glückes verkaufe und damit unseren Reichtum vermehre?"

„Du Narr, Glück kann man doch nicht verkaufen!", schimpfte sie. „Glück hat man oder man hat es nicht."

Sie hatte ihren Satz noch nicht beendet, da war er schon gegangen.

Beseelt von seinem Vorhaben zog er durch die Stadt. Am Stadtrand traf er auf einen alten, kranken Bauern. Der saß an eine Hauswand gelehnt und bettelte um eine milde Gabe. Der Kaufmann bot ihm einen Beutel voller Glück an.

„Verspotte mich nur. Glück willst du mir verkaufen? Ein Stückchen Brot wäre mir lieber", entgegnete ihm der Bauer.

„Das Stückchen Brot ist schnell verzehrt, aber das Glück kannst du vermehren", sprach der Kaufmann und drückte dem Bettler einen kleinen Beutel aus Leder in die Hand.

„Nimm hin, probiere es aus. Immer, wenn du ein bisschen Glück brauchst, öffnest du den Beutel ein wenig und ein bisschen Glück strömt dir entgegen. Aber, sei gewarnt. Öffne niemals den Beutel gänzlich, denn dann ist dein Glück im Nu verbraucht."

Der Bauer schaute ihn ungläubig an.

„Das kann doch nicht wahr sein. So was gibt es doch nicht. Und wenn, dann kann ich das nicht annehmen, ich vermag dir den Beutel nicht zu bezahlen", wehrte er ab.

„Nimm ihn und bezahle dann, wenn er dir Glück gebracht hat und alles so gekommen ist, wie du es dir gewünscht hast."

Mit diesen Worten verabschiedete sich der Kaufmann und zog weiter. Von Stadt zu Stadt, von Land zu Land. Er traf viele Menschen, denen er etwas von seinem Glück verkaufte.

Während dieser Zeit, als er unterwegs war, erging es seiner Familie schlecht. Das Geschäft musste geschlossen werden. Und da er sein Glück mitgenommen hatte, lebten seine Frau und die Söhne schon bald in Armut. Seine Frau wurde krank und starb. Die Söhne verkauften alles verbliebene Hab und Gut. Nur das Haus blieb ihnen. Sie hofften und beteten, der Vater möge zurückkommen, damit auch das Glück wieder einziehen könne.

Zwei Jahre waren vergangen, als der Kaufmann endlich wieder seinen Fuß in die Stadt setzte. Er war bestürzt über das, was er zu Hause vorfand. Selbst seine Söhne erkannte er kaum wieder, so heruntergekommen waren sie. So kraftlos und ausgemergelt, dass sie kaum ein Wort hervorbrachten, als der Vater vor ihnen stand.

Der Kaufmann war sehr betroffen und verstand nicht, wie alles so hatte kommen können. All sein Glück war verkauft, nicht einen einzigen Beutel hatte er zurückbehalten. Nun musste er selbst gemeinsam mit seinen Söhnen um ein Stückchen Brot betteln.

Die Zeit verging. Alle drei waren bis auf die Knochen abgemagert. Ihre Kleidung war alt und schäbig geworden. Niemand konnte mehr erkennen, dass sie einst die reichsten Leute der Stadt waren. Achtlos ging man an ihnen vorüber.

Eines Tages stand ein wohlhabender Bauer vor ihnen und fragte: „Wer ist der Kaufmann, der mir einst einen Lederbeutel voller Glück gab?"

Da hob der Kaufmann zaghaft die Hand. Er schaute dabei beschämt auf den Erdboden.

„Ich bringe dir meine Bezahlung für den kleinen Beutel voller Glück. Es ist alles so gekommen, wie ich es mir immer gewünscht habe. Ich danke dir. Dieses Pferdegespann mit dem vollbeladenen Wagen soll die Belohnung sein. Nur die besten Waren."

Der Bauer hatte die drei ärmlichen Gestalten betrachtet, während er sprach. Der Anblick ließ ihn kurz innehalten. Dann drückte er dem Kaufmann die Zügel in die Hand.

„Ich wünsche dir Glück, so viel du brauchst."

Er wandte sich ab und ging seines Weges.

Der Kaufmann und seine Söhne schauten sich überrascht an, sie vermochten es kaum zu fassen. Dann fuhren sie mit dem Pferdegespann nach Hause. Kaum waren sie angekommen, klopfte es an der Tür. Einer der Söhne öffnete. Ein Mann mit seiner Frau wollte den Hausherren sprechen.

„Du bist der Mann, der uns das Glück verkaufte?", fragte der Fremde, verwundert beim Anblick des völlig heruntergekommenen Mannes.

„Ja, der bin ich", erwiderte dieser halblaut.

„Wir sind hier, um unsere Schuld zu begleichen. Der Beutel Glück ist uns diese Schatulle voller Gold und Edelsteine wert. Nimm sie als Bezahlung. Wir sind glücklich und zufrieden, hab Dank."

Gerührt stand der Kaufmann in der Tür und schaute ihnen nach, als sie gingen.

Von Tag zu Tag kamen immer mehr Leute in die Stadt und brachten dem Kaufmann ihre Bezahlung. Seither lebten er und seine Söhne wieder glücklich und zufrieden.

Tante Frieda muss ins Heim

Die Tante Frieda muss ins Heim,
allein zu Haus kann sie nicht sein,
denn sie ist im Kopf verdreht,
weiß oft nicht, ob's früh, ob's spät.

Kinder, Enkel und Verwandte,
alle sprechen mit der Tante,
dass sie's endlich sieht doch ein,
es wird Zeit für'n Platz im Heim.

Tränen fließen, böse Blicke,
Frieda droht mit ihrer Krücke,
Flucht und schimpft und schreit:
„Ach, wie hässlich ihr doch seid!"

Hin und her und her und hin,
lange Rede, kurzer Sinn,
Frieda willigt endlich ein,
und sie geht nun doch ins Heim.

Dort will sie die „Alten" sehn,
und sie denkt, vielleicht wird's schön.
Gefällt's mir nicht, dann zieh ich aus
und ziehe in die Welt hinaus.

Die abgesagte Reise

Totensonntag

Eines Tages ist er da,
ganz plötzlich oder leise.
Er holt mich ab, ohne Gepäck,
auf eine weite Reise.

Erst im Dunkeln, dann im Licht,
auf ganz besond're Weise,
hör' ich, wie er zu mir spricht:
„Komm mit, auf meine Reise."

Das Ziel ist die Unendlichkeit,
ich glaub', es ist ein Traum.
Wie lange währt die Ewigkeit,
ganz ohne Zeit und Raum?

Mein Herz, es klopft in mir ganz heiß,
im Kopf sich alles dreht,
ich höre, wie er sagt sehr leis:
„Zu spät, zu spät, zu spät."

Es ist der alte Sensenmann,
lädt mich zur Reise ein.
Doch wenn ich ihm entwischen kann,
dann reist er ganz allein.

Ein Tagtraum spielt mir einen Streich,
weil Totensonntag ist,
seh ich den Sensenmann wohl gleich,
hör wie er zu mir spricht.

Das alles ist doch gar nicht wahr,
so soll es auch nicht sein,
ich find mein Leben wunderbar,
auf diesen Spuk fall ich nicht rein.

Und wenn ich einmal reisen will,
dann such ich mir es aus,
wohin, wieweit und wenn ich will,
dann bleibe ich zu Haus.

Engel der Nacht

Als ich krank war letzte Nacht,
hat ein Engel mich bewacht.
Du sagst: „Das kann doch gar nicht sein",
schau her, auf dieses Federlein.
Ich fand es hier auf meinem Kissen,
dazu musst du aber wissen,
hab keine Polster, keine Decken,
in denen solche Federn stecken.
Auch Federvieh gibt's hier nicht mehr,
nun sage mir, wo kommt es her?

Es muss von einem Engel sein,
denn ich lag hier nicht allein.
Starke Schmerzen in der Nacht,
mein Engel hat mich gut bewacht.
Er passte auf, dass mein Herz schlägt,
damit mein Leben weiter geht.
Als Zeichen ließ er mir zurück,
von seinem Flügel, dieses Stück.

Ich, du, wir

Ich bin ich,
du bist du,
wir leben alle auf dieser Welt.

Ich bin weiß,
du bist schwarz,
keiner von uns hat das gewählt.

Ich bin dein Freund,
du bist mein Freund,
Freundschaft, die zusammenhält.

Ich bin arm,
du bist reich,
am Ende sind wir alle gleich.

Brigitte König

Geboren wurde ich 1959 in Lübben und bin in Schlepzig aufgewachsen.

Ich wohne in Biebersdorf, bin verheiratet und habe drei Kinder.

Als Katechetin/ Gemeindepädagogin arbeite ich seit 1980, zurzeit in der Gemeinde Groß Leuthen.

Im Rahmen einer Gestalttherapieausbildung begann ich 2001 mit dem Schreiben von Gedichten. Seitdem sind viele Texte entstanden.

Meine ersten Büchlein hat der Grafiker Sebastian Franzka 2011 für mich entworfen und gedruckt. Sie heißen: „Engelgdichte", „Traumperlen Fallen" und „Eichenherz". Im Jahre 2019 ist zu meinem 60. Geburtstag das Buch „Auf dem Weg mit dir" entstanden. Wieder in Zusammenarbeit mit S. Franzka.

Gelesen habe ich z.B. in Cottbus in der Schlosskirche und in Dissen im Heimatmuseum.

Ich gehöre dem „Lübbener Autorentreff" an.

Mein neuestes Interesse gilt der Pflege und dem Erhalt der Spreewälder Mundart.

Angekommen

Ich bin angekommen.

Am See sitze ich, unter blühenden Apfelbäumen.
Ihr Duft erfüllt das Land, hüllt mich ein.
Immer wieder hebe ich die Nase in die Luft,
rieche ich neu,
um mich nicht daran zu gewöhnen.

Ich sitze auf einem Felsen am See.
Schaue auf das klare, kalte Wasser.
Überall sind Seerosen.
Ihren Stängeln
kann ich bis zum Grund des Sees
mit meinen Augen folgen.

Schwärme kleiner Fische
sind vor mir im flachen Wasser.
Dort, wo die Sonne es schon gewärmt hat.
Ein Schwanenpaar hat vor mir,
auf einer kleinen Insel im See,
sein Nest.
Es ist dabei zu brüten.

Ich sitze dort und schaue und rieche und spüre.
Ich höre auch die Vögel in den Apfelbäumen singen.
Sie singen für mich.

Dabei geht ein leiser Wind.
Er streichelt mich sanft.
Es ist schön, den Wind auf der Haut zu spüren.

Ansonsten ist Stille.
Stille der Natur.
Stille in mir.
Stille der Seele.
Stille aus Gott.
Ich bin in meinem Paradies.
Ich bin angekommen.

Abb. 11 – „Angekommen"
Gemälde in Acryl von Sybille Grunert

Ich und das Lied

Ich und die Wölfe.
Ich und die Wildschweine.
Ich und das Lied.
Was für ein Lied?
Das vom weiten All,
von den Sternen
allzumal
den abermillionen,
vom Wind im Geäst,
vom Vogel der schweigt,
vom roten Rad,
vom kleinen Kind,
vom Lachen und Spiel,
vom Weben des Tuches,
des nachtblauen,
vom Schlaf und vom Traum,
gewebt in den Saum,
gesungen von mir,
hier.

Im Wind

Flatterpappel
Flitterpappel
Raschelpappel
Im Wind
helles Grün
vor hellblauem Himmel.
Blättergeflitter
Blättergeglitzer
in der Sonne
Vogelgezwitscher
Blättergeraschel
Specht klopft
Fliege krabbelt
Auf meinem Knie.

Die Eiche

Am Fluss, mitten im Wald, steht eine alte, dicke Stieleiche. Sie steht dort schon seit mehreren hundert Jahren. Sie ist hochgewachsen und hat eine dicht belaubte Krone.

Mit ihr stehen dort andere Bäume und Büsche. Eichen, Eschen, Erlen, Buchen, Birken, Ebereschen, Holunder, Traubenkirsche, Haselnuss und einiges mehr.

In die große Eiche fuhr vor Jahren der Blitz. Sie hat davon eine riesige Narbe behalten. Die reicht ihr von der Krone bis hinunter zu den Wurzeln.

Mächtige Wurzeln breiten sich nach Westen, Osten, Süden und Norden und bis tief in die Erde hinein. Sie geben der Eiche Halt, ihren festen Stand und die Nahrung aus dem Boden, von ganz tief unten, gutes klares Wasser mit vielen Nährstoffen.

An, auf, in und bei der Eiche leben viele Tiere. Sie ist ihr zu Hause.

Unten, zwischen den Wurzeln liegt ein Eingang zum Dachsbau. Weiterhin haben dort zwischen den Wurzeln unter altem Laub eine Kröte und eine Ringelnatter ihren Rückzugsort.

Am Stamm krabbeln Ameisen hinauf und hinunter.

Aber auch das flinke Eichhörnchen mit seinem puscheligen Schwanz huscht vielmals am Tag herab, auf der Suche nach Eicheln und Nüssen. Es hat oben in der Krone sein Nest, seinen Kobel.

So nahe am Fluss gibt es immer wieder Orange und Blau schillernden Besuch. Auf einem ausladenden Ast, der über den Fluss reicht, sitzt der Eisvogel und hält Ausschau nach kleinen Fischen.

Abb. 12 – „Jagdopfer"
Gemälde in Öl von Monika Schubert

Hat er einen erspäht, stürzt er sich blitzschnell kopfüber ins Wasser, um ihn mit seinem spitzen Schnabel zu fangen.

Viele andere Vögel leben in der Eiche. In einem Astloch hat eine Waldohreule ihr Nest. In einem anderen wohnt ein Schwarzspechtpaar. Der Eichelhäher fliegt ständig ein und aus.

Auch Raben sitzen gerne im Geäst des Baumes und halten dort ihr Palaver ab.

Und alle die kleinen Singvögel sind nicht vergessen.

Etwas ganz Besonderes gibt es oben auf der Krone. Dort ist das Nest eines Fischadlers.

So etwas gibt es wirklich ganz selten. Meistens suchen sich diese Vögel heutzutage Hochspannungsmasten zum Nestbau aus.

Neben der Eiche ist ein Schlammloch. In diesem suhlen sich die Wildschweine.

Noch eine erstaunliche Sache gibt es zu berichten. Manchmal findet sich ein einzelner Wolf dort ein. Er setzt sich neben die Eiche an den Fluss. Niemand weiß, woher er kommt und wohin er dann wieder verschwindet.

Natürlich sind auch Rehe und Hirsche Gäste bei der alten Eiche.

Leise

In diesem Herbst
fallen die Blätter leise
und lange.
Raschelnd
und manchmal trudelnd
schweben sie sanft
zur Erde
und in den Fluss.
Bei diesem Licht
fließen sie vorüber,
fließen im Fluss
des Lebens davon.

Mutter

(inspiriert durch ein Bild von Kasimir Severinowitsch Malewitsch)

Urmutter
Mutter, der Mutter, der Mutter.
Mutter, der Mutter, des Vaters.
Ahnin,
beugst deinen Rücken
für die Kinder,
den Mann
und die Schwiegereltern,
die dich ablehnen.
Hattest Träume
als Kind,
als junge Frau noch.
Nun beugst du dich
über die Bügelwäsche.

Rote Dächer
(inspiriert durch ein Bild von Kasimir Severinowitsch Malewitsch)

Dieser Sommertag
dieser Moment hier
auf dem Weg aus Licht.
Goldener Glanz
auf dem Haus
mit dem roten Dach.
Mittägliche Stille
über dem Anwesen.
Große Stauden
blühen gelb
vor dem verschlossenen Tor.
Ich gehe
auf dem Weg aus Licht
und sehe
Schönheit.

Von Elfen und Zwergen

Es war einmal ein Mädchen, das wohnte mit seinen Eltern und mit seiner kleinen Schwester in einer kleinen Wohnung in einem großen Haus. Alle in der Familie hatten einander lieb. Die Eltern ihre Kinder, das Mädchen liebte sein Schwesterchen und die Schwester liebte das Mädchen und beide liebten sie ihre Eltern von ganzem Herzen.

Nun könnte man denken, bei ihnen wäre immerzu nur ein lustiges Leben. Leider war es nicht so. Die Eltern der Kinder stritten auch so manches Mal miteinander. So etwas kommt vor.

An einem Abend im Sommer war es wieder einmal so weit. Lia, so hieß das Mädchen, lag bereits in ihrem Bett und die Eltern dachten, sie schliefe schon. Da begannen sie zu streiten. Lia hielt sich die Ohren zu, aber es half alles nichts. Sie wollte es einfach nicht mehr hören. Deshalb beschloss sie, weg zu gehen. Sie zog sich ihre Hose und ein T-Shirt an, auf dem Flur die Sandalen und verließ die Wohnung. Sie musste sich nicht einmal vorsehen und leise sein. Die Eltern hörten sie sowieso nicht. Mit dem Fahrstuhl fuhr sie nach unten und verließ das Haus.

Sie wollte in den Park zu den verwurzelten Bäumen. Dort hin wo die Wohnungen und Höhlen der Elfen und Zwerge waren. Ihre Oma hatte sie ihr, bei einem Spaziergang gezeigt. Vielleicht würden diese kleinen Wesen ihr eine Hilfe geben können, gegen das Gestreite ihrer Eltern. Der Weg dorthin war ziemlich weit, aber sie war ihn vorher schon oft mit ihren Eltern gegangen, so dass sie ihn genau kannte. Außerdem war es ziemlich hell an diesem Abend, denn ein voller Mond stand am Himmel und spendete sein Licht.

Auf dem Weg zu den Elfen kam sie an vielen alten Bäumen vorbei. Alle gaben ihr Schutz.

Endlich war sie bei den verwurzelten Bäumen angekommen. Und tatsächlich, dahinter auf einer Wiese im silbernen Mondlicht tanzten die Elfen ihren Reigen. Lia hörte ihren wundersamen Gesang. Die Zwerge spielten dazu auf kleinen Geigen. Es war so schön, ihnen dabei zuzusehen.

Noch hatten die Wesen das Mädchen nicht entdeckt. Aber als sie eine kurze Pause einlegten, konnte Lia nicht an sich halten und klatschte ganz begeistert in ihre Hände. Da erschraken die Elfen und Zwerglein. Aber als sie sahen, dass es nur ein kleines Mädchen war, blieben sie da und einige kamen sogar näher. Sie fragten Lia, was sie denn wohl mitten in der Nacht hier im Park zu tun hätte.

Lia erzählte ihnen von ihrer Not mit den streitenden Eltern. Da hatten die kleinen Leute Mitleid mit dem Mädchen und schenkten ihr einen wunderschönen blau glänzenden Zauberstein. Wenn sie ihn in die Hand nahm und sich an diese Nacht erinnerte, würden ihr immer die Worte der Elfen einfallen: „Tanze und singe und musiziere mein Kind, wie wir. Das bringt dir die Freude in dein Leben zurück. Es bringt vielleicht auch die Freude in deine Familie zurück."

Als Lia den Stein bekommen und die Worte gehört hatte, wurde sie plötzlich ganz müde, sodass sie auf der Stelle einschlief. Die Zwerge deckten sie mit trockenem Laub etwas zu und dann gingen alle zurück in ihre Wurzelhöhlen.

Am nächsten Morgen fand ein Parkwächter das schlafende Kind neben den Bäumen. Ganz erstaunt weckte er das Mädchen auf und fragte sie nach ihrem Namen und wo sie herkäme.

Lia wollte jetzt wirklich nur noch nach Hause. Sie nannte ihre Adresse und der freundliche Parkwächter brachte sie bis vor die Haustür.

In der Nacht hatten die Eltern dann doch noch bemerkt, dass ihr Kind nicht mehr in der Wohnung war. Sie hatten die Polizei benachrichtigt und alles abgesucht, im Haus und um die Häuser herum, sie aber nicht gefunden. Nun fiel ihnen ein riesiger Stein von ihrem Herzen, als Lia plötzlich wohlbehalten vor ihnen stand. Sie nahmen sie in die Arme und versprachen ihr und auch sich selbst, nicht mehr zu streiten. Aber, wer weiß, ob sie das Versprechen wirklich halten können?

Dafür hat Lia jetzt ihren blau glänzenden Zauberstein und die Worte der Elfen.

Abb. 13– „Ein glückliches Mädchen"
Gemälde in Acryl von Sybille Grunert

Unse Oma

Kumm Mechin,
gibb ma deine Patsche.
Wa wern in Goartn gen,
Stachelbern plickn.

Inger Stall
at se ma iere Lieda esung
von die Keenichskinda
die nich kundn zuennanda findn
un von Marichin,
die ganz alleene
in iere Goartn soaß
und eweent at.

Wenn ich ma an Beernstrauch
estochen oabe,
at se esung: „Eile, Eile Gänschin,
Gänschin at een Schwänzchin …"
Imma moa at se was esung,
och von der liebe Augustin
un von Ricksdorf wu Musike is.

Unse Oma.

Sybille Grunert

Am 20.02.1949   in Lübben/Spreewald geboren.

Bis 1990   als Ingenieur bei der Wasserwirtschaft Cottbus gearbeitet.

Von 1982-84   Externes Studium an der Hochschule der bildenden Künste in Dresden.

Seit 1984   Dozentin für Malerei und Grafik an der VHS-Lübben, Königs Wusterhausen.

Seit 1990   Freischaffende Künstlerin

Von 1995-2009   eine Galerie „die idee" in Lübben, Hauptstraße 19/20 betrieben.

Seit 1978   Diverse Personal- und Gemeinschaftsausstellungen in Brandenburg und im Saarland.

Seit 2015   Vorsitzende des Lübbener Heimatvereines e.V.

Seit 2017   Mitglied im Lübbener Autorentreff.

Kontakt: s.grunert@t-online.de

Sonnenstrahlen

Morgens wandert durch das Fensterglas
Regenbogenfarbe in den Raum.
Sonnenstrahlen leuchten Schatten aus,
so wird dieser Tag zum schönen Traum.

Lustentfaltend wärmen diese Strahlen,
ziehn die Schleier weg mit ganzer Kraft.
Nehmen Lebewesen ihre Qualen,
wecken alle Geister, riesenhaft.

Sonnenbräune auf der Haut
lässt viel Sinnlichkeit entstehen.
Sommersprossen nachgezählt,
Wind wird alles bald verwehen.

Frischgeschminkte Fraulichkeit
strahlt aus jedem Spiegelbild,
selbst das schönste Sommerkleid
dient ihr oftmals nur als Schild.

Tagesplan mit Leidenschaft gefüllt,
gibt dem Leben einen schönen Sinn.
Werde ich von Zweifeln eingehüllt,
zeigt das Sonnenlicht mir, wer ich bin.

In bester Gesellschaft – so lange noch vorhanden

Sie sind noch da und sehen uns an.
Wir nehmen sie wahr, doch nur am Rand
unserer wichtigen Tagesgeschäfte,
die angeblich wilden Tiere.
Ihr Blick ist oft fragend, aggressiv oder scheu.
Er spricht aus Erfahrung, doch ist immer neu,
durch Begegnung mit dem Menschen.
Mein Name ist Haase, ich weiß, wie es ist,
seit Generationen die Natur zu teilen.
Bin stets auf der Flucht und wünschte mir Flügel,
doch muss ich am Boden verweilen.
Seit Jahren ist nicht nur Bienenfutter verseucht.
Die Industrie schließt Augen und Ohren.
Fische werden vom Sonar verscheucht
und Vögel den Kampf gegen Windmühlen verloren.
Der Hund und die Katze, die haben's geschafft.
Gehegt und gestreichelt zehntausendfach
in sogenannten zivilisierten Landen.
Doch wehe es kommt der Vorfahr vom Hund
in unsere Gegend. Für ihn nicht gesund
auf Dauer mit Familienplanung.
Der Platz ist begrenzt, doch der Tisch reich gedeckt
mit Schaf und mit Huhn zum Zweck
der Nahrung des Raubtieres Mensch.
Die Einwanderer, nach gesetzlichem Ermessen
verletzen sie Grenzen der Humanität.
Das Paradis ist eben schon lange belegt.

Abb. 14– „In bester Gesellschaft"
Gemälde Öl/Acryl von Sybille Grunert

Im Garten

Blumentöpfe haben Platz.
Nachbars Dackel macht Rabatz.

Ein Wildentenpaar, es landet im Teich.
Ich bin ihm vertraut, es erkennt mich gleich.

Die Blumenrabatten, sie leuchten so bunt.
Der Rasen, er wächst, weil er gesund.

Ich mag liebe Gäste, will Freude gern teilen,
bewirte sie gut, dass lang sie verweilen.

Ausgebremst

Stille Straßen, geschlossene Fenster
und kein Kahn mehr auf der Spree.
Ich fahr durch die Stadt hinaus in die Dörfer.
Aus dem Wald kommt scheu ein Reh.

So friedlich der Tag da draußen scheint,
Menschen tragen Masken und mancher weint.

Unser Leben wurde ausgebremst.
Das Gestern ist nur noch ein Traum.
Das Morgen scheint plötzlich so ungewiss,
doch Reden mit Freunden schafft Raum.

Der nächste Tag kommt auch ohne unser Tun.
Es liegt an uns, ob mit Scheitern oder Ruhm.

Abb. 15 – „Hochwald"
Gemälde Öl/Acryl von Sybille Grunert

145

Das bisschen Sand

Das bisschen Sand in meiner Hand
wird landesweit Heimaterde genannt.

Gepflügte Erde im Frühjahr und Herbst
riecht unbeschreiblich, wenn du es merkst.

Gepflegte Erde bringt saftiges Grün.
Von Mai bis November alle Gärten erblüh'n.

Wintererde unberührt von Menschenhand
hüllt weiches Schneetuch, wer weiß noch wie lang.

Überbaute Erde ist verlorene Natur,
kein Platz für Tier und Pflanze, alles künstlich nur.

Geschundene Erde in jedem Land
deckt Samenkorn und Totenhand.

Unfruchtbare Erde ohne Klimaschutz keine Utopie.
Ignoranz der Mächtigen, welche Zukunft für uns und sie.

Verbrannte Erde in den Epochen der Zeit.
Wann ist die Menschheit zum Umdenken bereit?

Das bisschen Sand in meiner Hand,
mein kleines Eden draus entstand.

Heute dachte ich ...

Heute dachte ich daran, wie wenig Zeit der einzelne Mensch auf unserer alten Erde hat – zum Leben und darüber nachzudenken.

Ich glaube, alle Gedanken, die je gedacht worden sind, wandern um den Erdball, bilden dort unsichtbare Ringe. Wenn der Erdball einmal zerspringt, fliegen sie ins Universum, wo sie sich auf anderen Himmelskörpern niederlassen und weiterleben.

Welch tröstlicher und gleichzeitig erschreckender Gedanke!

Mittagszauber

In meinem Garten halt' ich Mittagszeit.
Der Teich, der glänzt, die Bäume schatten breit.
Spatzen und Amseln als kleiner Schwarm
suchen ihr Futter nicht ohne Lärm.

Meine Katze ruht friedlich im Gras.
Das Buch vor mir ich schon mal las,
als Kind mit Neugier und Staunen,
von Geistern, Hexen und Allraunen.

Heut' find' ich den Zauber in der Natur,
wo die Gedanken gewaschen und man nur
mit Fantasie die Brille putzt so klar.
Dann sind vergessene Träume wieder da.

Immer noch Corona

Die Vergangenheit ist tot,
die Zukunft nebulös.
Es kostet Kraft, Distanz zu halten.
Warten, Hoffen!
Aufbrechen!
Wohin?

Melancholie droht Depression zu werden.
Was tun?

Mein Rezept:
Kraft tanken in der sich stets erneuernden Natur.
Sinnvoll weiter machen.
Mit mir im Einklang sein.
Ruhe bewahren in Zeiten der Dissonanz
und
Freunde sprechen.

Herbst 2020

Heißer Sommer mit Maske und Lachen,
Sonne satt mit hellem Schein.
Hol aus dem Schrank jetzt warme Sachen,
sammle Pilze und Früchte ein.
Blätter fallen bunt zur Erde,
Tage sind oft nass und grau.
Seh' dem Vogelzug nach und werde
den Winter begrüßend nach vorne schaun.

Zeit

rieselt wie feiner Sand
durch meine Hand,
unaufhaltsam,
gnadenlos.

Versuche zu leben,
sinnvoll mit Zukunft
und
Erinnerung.

Der Spreewald – mein kleines Eden

Sprejnik, der Riese mit magischen Kräften,
schoss einen Pfeil in das Lausitzer Land.
Aus felsiger Gegend sprudelte Wasser,
daraus der Spreefluss bald entstand.

Doch half auch der Teufel nach einer Legende.
Mit Ochsengespann hat ein Bett er gepflügt.
Auf halber Strecke entkräftet sie hielten.
Erbost der Gehörnte die Peitsche bemüht.

Erschreckt ergriffen die Tiere die Flucht,
denn der Unhold war ohne Erbarmen.
Kreuz und quer ohne Führung ging nun der Pflug,
so entstand ein Gewirr aus Wasserarmen.

So viel zu den örtlichen Legenden.
Tatsachen sind Werkzeuge der Jungsteinzeit.
Greifbare Zeugnisse der Sorben und Wenden
halten viele Museen bereit.

Die ersten Lausitzer im Jahre Tausend.
Urwälder bedeckten noch das Land,
als unsere Vorfahren friedlich hausten,
wo Bär und Wolf auch Unterschlupf fand.

Große Burgwälle wurden gebaut,
heute wieder als Festung zu sehen,
dann deutsche Ritter kamen ins Land,
siegten und forderten ihr Lehen.

Abb. 16 – „Ober- und Unterspreewald"
Gemälde Öl/Acryl von Sybille Grunert

Als fleißige Handwerker, Fischer und Bauern
lebten die Spreewälder auf ihren Kaupen,
erzeugten Gurken, Flachs und Hopfen,
wenn Hochwässer es ihnen nicht raubten.

Überschwemmte Flächen im Frühjahr,
seit Generationen eine Gefahr.
Mit Stauwerk und Rückhaltebecken
heute gebannt von Jahr zu Jahr.

Heuschober zieren die Landschaft
als Winterfutter für das Tier.
Holzkähne sind die Transporter.
Große Trachtenhauben sieht man hier.

Berliner Touristen, als Erste, bereisten
südlich der Hauptstadt vor ihrer Tür
diese Auenlandschaft bis heute
aus Wald und Wasser und viel Getier.

Unberührte Natur, historische Kulisse,
die die Besucher wollen seh'n.
Doch keine Frage, auch im Spreewald,
bleibt die Zeit nicht spurlos stehn.

Ein wenig Exotik, ein bisschen Idylle,
Venedig des Nordens auch genannt.
Urige Wälder, versteckte Fließe.
Für den Tourismus ein Garant.

Wundersame Begegnungen

Dunkelheit umgibt mich. Irgendetwas drückt auf meine Augenränder und Wangenknochen, nicht unangenehm, aber schon merkwürdig. Noch viel störender empfinde ich es, dass ich durch die Nase keine Luft bekomme. Im Mund fühle ich etwas großes Weiches, dennoch vermag ich zu atmen. Was ist das? Wo bin ich? Mir ist, als würde ich schwerelos durch die Finsternis treiben. Die Situation wirkt beunruhigend, kommt mir zugleich aber seltsam vertraut vor.

Schlagartig wird mir bewusst, dass ich mich auf einem Tauchgang befinde und die Atemluft aus der Stahlflasche auf meinem Rücken stammt.

Ich öffne die Augen und erkenne durch die Taucherbrille, dass das Wasser, welches mich umgibt, milchig wie Mondlicht wirkt.

Plötzlich sehe ich vor mir meinen Mann Klaus mit seiner selbstgebauten Harpune, an deren Spitze ein großer Karpfen zappelt. Ich gebe ihm ein Zeichen, dass ich diese Art von Fischfang nicht besonders mag. Doch er kann das nicht lassen. Bereits als Jugendlicher hatte er so gefischt. Er winkt mir zu und schwimmt dann mit seiner Beute kraftvoll nach oben.

Im Moment fühle ich mich wie ein Statist in einem nostalgischen Film. Alles ringsum wirkt vertraut. Die um mich herschwimmenden Hechte, Karpfen, Barsche und so weiter hatten wir damals bei vielen gemeinsamen Tauchgängen in europäischen Gewässern kennengelernt, und die faszinierende Unterwasserwelt wurde zu einer unserer zahlreichen Passionen. Aber das ist doch schon so lange her. Wie kommt es, dass ich mich hier und jetzt daran erinnere? Ich werde aus meinen Gedanken gerissen, bevor ich sie zu Ende bringen kann.

Abb. 17 – „Unterwasserskulptur"
Gemälde Öl/Acryl von Sybille Grunert

Meine Umgebung verlangt volle Aufmerksamkeit von mir, und so schaue ich mich vorsichtig um. Die milchige Trübung des Wassers hat sich inzwischen aufgelöst, das Licht erreicht mühelos den Grund, auf dem ich stehe. In großer Tiefe kann ich mich nicht befinden. Ein Blick auf den Tiefenmesser bestätigt mir das. Das ist beruhigend, denn wenn ich gezwungen bin, schnell an die Oberfläche zu gelangen, benötige ich keine Dekompressionsstopps.

Nicht weit von mir entfernt, entdecke ich ein Schiffswrack. Neugierig geworden, schwimme ich langsam darauf zu. Wracks besitzen immer etwas Faszinierendes.

Korallenbüschel und Muscheln haben sich wie Blüten an der Reling, dem Deck und den Resten der Aufbauten festgesetzt. Demzufolge liegt das gesunkene Schiff schon einige Jahrzehnte hier unten. Groß ist es nicht. Vielleicht war das mal ein Kutter oder eine Jacht? Leider ist am Bug kein Name zu erkennen.

Inmitten der Fische, die wie Vögel um die Trümmer des Wracks spielen, erkenne ich einen großen schiefmäuligen Zackenbarsch, der mich misstrauisch zu beäugen scheint. Bewacht er vor mir das Innere des gesunkenen Schiffes? Im und um das Wrack schwimmen viele andere Arten, die sich hier so heimisch fühlen, wie in einem richtigen Korallenriff. Die Schmetterlingsfische sind so bunt, als hätte ein Maler an ihnen seine komplette Palette ausprobiert. Ich bin von diesem Anblick begeistert, und möchte dem bunten Treiben einfach nur zuschauen.

Plötzlich bemerke ich zu meiner Rechten einen bewegten Schatten. Groß ist er. Es sieht aus, als spiele dort ein gigantischer Schmetterling unmittelbar unter der Wasseroberfläche. Im gleichen Moment bricht dort oben die Sonne hervor und schickt ihre gedämpften Strahlen bis zu mir herunter, wodurch meine Umgebung noch klarer zu erkennen ist.

Ich schwimme in Richtung dieses Schmetterlings und erkenne, dass es sich um einen riesigen Manta handelt. Wegen seiner Hörner nennt man ihn auch Teufelsrochen. Jetzt bemerkt er mich und hält kurz inne, bevor er rasch auf mich zu kommt. Er beginnt, mich zu umkreisen, wobei das eine seiner Augen mich unablässig betrachtet. Doch er scheint friedlich gestimmt zu sein. Ruhig zieht er seine Kreise und ringelt seine merkwürdigen Hörner. Ein faszinierender Anblick, aber die Größe seines Maules flößt mir Respekt ein.

Jäh verspüre ich einen Schlag auf den Rücken. Erschrocken versuche ich mit heftigen Flossenschlägen aus seinem Schwimmkreis zu kommen.

Doch was ist das?! Ein plötzlicher Sog hält mich fest. Ich spüre, wie die Panik nach mir packt. Ein ähnlicher Sog hat mir in der Ostsee fast das Leben gekostet. Nur mit Mühe und viel Glück konnte ich mich damals ans Ufer retten. Klaus hatte das gar nicht mitbekommen. Wie oft war mir von ihm eingebläut worden, sich immer gegenseitig im Auge zu behalten und Tauchgänge nie ohne Begleiter zu unternehmen. Und jetzt ist er es, der mich allein gelassen hat. Wo steckt er nur? Er müsste doch den Karpfen längst …

Wieso eigentlich Karpfen? Wir befinden uns doch im Meer!

Jetzt empfinde ich wieder das Alleinsein unter Wasser, doch ohne Furcht, denn der Sog hat schlagartig aufgehört. Und der Teufelsrochen ist inzwischen weiter geflattert.

Im Moment fühle ich mich den Fischen gleich. Ich kenne all diese Wasserbewohner, habe sie an anderen Orten schon häufig gesehen, gehöre zu ihnen. Doch wenn ich an mir herunterschaue, sehe ich einen Menschen im Neoprenanzug.

Dicht unter mir liegt der Meeresboden, und ich erkenne auf ihm Seesterne und sonstiges Getier, welches den weichen Boden bevölkert.

Doch dann erregen die aufrecht im Sand stehenden Perlmuscheln mit ihren leicht geöffneten Schalen meine Aufmerksamkeit. Ich vermag auf einmal das Fieber der Perlentaucher nachzuvollziehen, denn unvermittelt hat es auch mich gepackt. Ich greife nach meinem Futteral am rechten Bein, wo ich das Messer weiß. Mit dessen Hilfe versuche ich jede greifbare Muschel zu öffnen. Ich finde aber leider nur kleine, mit der Schale fest verbundene Perlen. Mir fällt ein, dass ich schließlich schon lange eine hübsche Perlenkette besitze, folglich lasse ich die Muscheln in Ruhe.

Als ich nun aufblicke, traue ich meinen Augen kaum, vor mir steht ein Hai. Hellgrau mit spitzer Nase, weißem Bauch – ein schönes, elegantes und, wie ich weiß, auch sehr intelligentes Tier. Aber gefährlich! Ich fahre zusammen wie ein kleines Mädchen, das beim Stehlen in einem Juwelierladen überrascht worden ist. Hierüber erschrickt wiederum der Hai, es reißt ihn herum und im nächsten Augenblick ist er wie ein Phantom entschwunden.

‚Glück gehabt!‘, denke ich und atme auf.

Mir fällt ein, dass Klaus vorhin einen Fisch harpuniert hatte und sich dadurch wahrscheinlich noch eine Blutspur im Wasser befindet.

‚Barrakudas, werden ebenfalls von Blut angelockt‘, denke ich gerade, als ich im gleichen Moment einen Schwarm dieser hechtähnlichen Raubfische, mit starrem Blick auf mich zukommen sehe. Barrakudas haben den Ruf, für Menschen gefährlich zu sein. Oft werden sie sogar mehr gefürchtet als Haie.

Ich starre entsetzt auf diesen Pulk, der so unerwartet aufgetaucht ist und sich jetzt unaufhaltsam nähert. Keines der Tiere fällt aus der Reihe, wenn die Gemeinschaft eine Schwenkung vollführt. Der Schwarm wirkt wie ein ferngesteuertes Ganzes. Ich entdecke hinter mir eine große Korallenwand und schwimme vorsichtig rückwärts dorthin. Eine kleine Höhle ist zu erkennen. Das wäre erst einmal ein Schutz, doch wer weiß, was da drinnen auf mich lauert. Vielleicht

Muränen oder andere angriffslustige Meeresbewohner, welche sich von mir in ihrem Lebensraum gestört fühlen. Und ewig kann ich ja auch nicht unter Wasser bleiben. Irgendwann ist die Atemluft in der Flasche aufgebraucht.

Unermüdlich patrouillieren die Barrakudas vor mir auf und ab, wie bei einer Belagerung. Wann erfolgt das Signal zu Angriff? Ich bin ja tierlieb, doch davon verspürte ich im Moment nichts. Die Schnappbewegungen der unzähligen Mäuler, machen mir die Gefahr bewusst, in der ich mich befinde.

Und da ist sie wieder – die gefürchtete Panik! Während ich mir einzureden versuche, dass ich ruhig bleiben muss, geht mein Blick zwischen der Korallenwand hinter mir und den bedrohlich näherkommenden Barrakudas hin und her.

Mein Mann ist noch immer nirgends zu sehen. Ich starre wie gelähmt auf die Phalanx der lauernden Raubfische. Wenn ich nichts unternehme, werde ich mit Sicherheit an zahllosen Bisswunden verbluten. Verdammte Mistviecher! Meine Angst schlägt in Wut um.

In der rechten Hand das Messer schwimme ich auf den Schwarm zu, schlage wild um mich, treffe auch diesen oder jenen Fisch und verletze einige von ihnen. Mit von Todesangst gesteuerten Bewegungen schnelle ich vorwärts, wobei ich brüllend Luft ausstoße und …. habe Erfolg.

Der Schwarm fällt auseinander, und ehe er sich wieder neu zu formieren vermag, habe ich die scharfzahnigen Räuber in alle Richtungen gejagt. Ihr gemeinsamer Wille zum Angriff ist gebrochen.

Doch ist die Gefahr damit vorüber? Ich weiß es nicht und strebe, ohne mich umzuschauen, hinauf zur Oberfläche. Nur weg hier.

Als ich auftauche, umgibt mich plötzlich Dunkelheit. Wie ist das möglich? Soeben schien doch die Sonne! Mein Mundstück ist weg, genauso wie die Nasenklammer und die Brille. Und wo ist das Wasser, das mich gerade noch umgab? Hat es mich ans Ufer gespült? Ich spüre aber auf dem Kopf und im Gesicht Wassertropfen, welche gleichmäßig von oben zu kommen scheinen. Merkwürdig.

Da endlich werde ich mir bewusst, dass ich im Bett liege. Automatisch geht mein Arm nach rechts zur Nachttischlampe. Ich knipse sie an und schaue nach oben.

Über mir auf dem Regal liegt ein umgekipptes Wasserglas, welches ich am Abend zuvor nicht ganz ausgetrunken hatte.

Obwohl ich befreit auflachen darf, wummert mir das Herz im Hals. Es fällt mir schwer, wieder einzuschlafen. Träume können lange nachwirken.

Ingrid Groschke

1945	in Finsterwalde geboren
1951 – 1961	Schulbesuch
1961 – 1963	Ausbildung im Malerhandwerk
1964	Heirat
1965 – 1974	Geburt der Kinder Ines, Lars und Kerstin
1966	Meisterprüfung im Malerhandwerk
1970 – 1973	Abendschule an der Hochschule für Bildende Künste Dresden in Cottbus
1974 – 1991	Leiterin des Mal- und Zeichenzirkels Lübben
Seit 1991	freischaffend tätig
1997	Abschluss des Fernstudiums für Belletristik an der Axel- Andersson- Akademie in Hamburg
Seit 1997	schreibe und illustriere ich für den Domowinaverlag (Plomje, Nowy Casnik, Pratyja)
2001	Abschluss des Fernstudiums für Karikatur und Comic an der Axel-Andersson-Akademie
2004	Abschluss des Fernstudiums für Kinder- und Jugendliteratur an der Axel-Andersson-Akademie in Hamburg
Seit 2006	Mitglied im Sorbischen Künstlerbund

An Brauchtum, Kunst, Handwerk usw. hat jede Gegend etwas anderes zu bieten. Dadurch wird sie für Besucher erst richtig interessant.

Das gemeinsame Erleben der verschiedenen Bräuche fördert auch den Zusammenhalt der Bewohner in der jeweiligen Region. Die Lausitz hat gerade an diesen Dingen sehr viel zu bieten. Hinzu kommen noch die mystischen Wälder und ein Labyrinth aus Fließen.

Das alles sollte unbedingt erhalten bleiben.

Kontakt:
Ingrid Groschke
Lieberoser Str. 42
15907 Lübben

Begegnung

Hallo, meine Schöne, es freut mich riesig, dass wir uns wieder einmal begegnen. Ich mag deine schüchterne Zurückhaltung und doch bemerke ich, wie auch du dich über unser Zusammentreffen freust. Deine Erscheinung ist so edel und voller Würde, trotz deiner geringen Größe.

Viel zu lange warst du allein. Verschmust umkreist du mich, um gleich im nächsten Augenblick mit smarten Bewegungen davon zu jagen. Aber nicht lange, dann bist du wieder bei mir und schmiegst zärtlich dein Köpfchen an meinen Arm. Ich streiche dir sacht über den Rücken und bin begeistert, wie weich und glatt er sich anfühlt.

Ein eleganter, kraftvoller Sprung und schon sitzt du vor mir auf dem Tisch. Nun schaust du mich erwartungsvoll mit deinen wunderschönen, grünen Augen an. Liebevoll beginnen wir miteinander Zärtlichkeiten auszutauschen. Du bekommst einfach nicht genug davon, doch bist auch du zu mir ganz rührend und sanft. So verbringen wir längere Zeit miteinander.

Nun aber, meine liebe Nala, drängt langsam die Zeit. Ich fülle dir noch deine Schälchen und ab morgen füttert dann wieder das Frauchen ihre herrliche, goldig-bräunlich gefleckte, kleine Miniatur-Leoparden-Dame.

Ruhe

Motorenlärm hier auf den Straßen,
Hupen, Klingeln und Geschrei,
das plagt uns täglich gleichermaßen.
Du denkst, das wär dir einerlei?

Dann quietschen Bremsen irgendwo,
ein Presslufthammer tuckert laut,
Musik, die dudelt sowieso,
das geht so lang, bis es dir graut.

Es schmerzt so langsam dir der Kopf.
Du sehnst dich sehr nach etwas Ruhe,
bedauerst dich als armen Tropf.
Möchst dich verkriechen in der Truhe.

Da hängt ein Schild dir vor der Nase
und „Raum der Stille" steht darauf.
Es gibt also doch ne Oase
und machst ganz schnell die Türe auf.

Doch zu still ist es hier dir bald
und du verlässt ganz schnell den Raum.
Du läufst und läufst bis in den Wald,
setzt dich dann nieder an nem Baum.

Schließt nun die Augen, streckst die Glieder
und dann bist du doch sehr erstaunt
weil du nach langer Zeit mal wieder
hörst, was ein Baum dir zugeraunt.

Der Wind streicht wispernd durch das Gras.
Es summt und brummt die Käferschar.
Der Himmel leuchtet wie Topas,
so herrlich es schon lang nicht war.

Und endlich kehrt die Ruhe ein,
wie friedvoll wirkt die ganze Welt.
Du läufst recht fröhlich querfeldein,
dein Glück ist wieder hergestellt.

Ein Holzdieb?

Na, nun wird der Sommer wohl endgültig zu Ende sein". Herr Krause blickte zu seiner Frau, die mit ihrem Strickzeug im Sessel saß, und sich fröstelnd die Arme rieb.

Den ganzen Tag über war es kalt und regnerisch und dazu blies ein unangenehmer Wind.

„Ich werde Holz aus dem Stall holen und im Kamin ein Feuerchen anzünden. Wenn es draußen schon so ungemütlich ist, dann wollen wir wenigstens hier drinnen den Tag behaglich ausklingen lassen".

„Ach ja, mach das", stimmte Frau Krause erfreut zu.

Als er auf den Hof hinaustrat, zog er den Kopf zwischen die Schultern. Dieses nasskalte Wetter war einfach scheußlich. Es wurde bereits langsam schummrig. Der Wind hatte ein wenig nachgelassen. Den Wald, der das Gehöft und ein Feld, umgab, nahm Krause nur als eine dunkle Masse wahr. Vom nahen Moor zog Nebel heran.

„Mistwetter!", knurrte er, griff sich den Korb, der neben der Haustür stand, und lief zum Schuppen hinüber. Die Tür stand offen. Drinnen war es stockfinster. Das erinnerte ihn daran, dass er noch vor dem Winter hier Licht legen lassen wollte. Da stolperte er über ein Holzscheit. Wie kam das denn hierher?

Doch nun lauschte er, da war doch etwas! Atmete hier nicht jemand? Ihm wurde es unheimlich, und Angst machte sich in ihm breit. Da, da war es wieder! Auf einmal polterten mehrere Scheite eines Stapels zu Boden.

Mit zwei Sätzen war Herr Krause wieder draußen und verriegelte die Tür. Hatte sich ein Holzdieb hier eingeschlichen? Allein mochte er sich in seinem Alter mit dem nicht anlegen. Aufgeregt eilte er zurück ins Haus.

„Frau!", rief er bereits vom Flur her. „Lauf schnell ins Dorf zum Förster. Er soll mit seiner Flinte kommen! In unserem Holzstall ist einer. Ich passe inzwischen hier auf."

„Ach mein Gott", jammerte Frau Krause. „Jetzt stehlen sie sogar schon Feuerholz! Ja, ja, ich nehme gleich das Fahrrad".

Sie warf das Strickzeug auf den Tisch, erhob sich ächzend aus ihrem Sessel und ging, von ihrem Mann gefolgt, hinaus.

Kurze Zeit darauf beobachtete dieser, wie seine Frau von der Dunkelheit verschluckt wurde. Nur ein schwaches Lichtpünktchen zitterte am Wald entlang, bis es ebenfalls verschwand.

Es war vielleicht eine halbe Stunde vergangen, da drang das Knattern eines Mopeds an sein Ohr und ein Lichtstrahl zerschnitt die Finsternis.

Es war der Förster, der auf den Hof gerollt kam. Die Männer begrüßten sich kurz, sie kannten sich gut. Seine Flinte hatte der Weidmann selbstverständlich mitgebracht.

„Hallo Karl, na dann wollen wir mal sehen, wer sich da bei euch eingeschlichen hat."

„Ja, es wird immer schlimmer mit der Klauerei", war die Antwort. „Anscheinend ist nicht einmal mehr das Feuerholz vor Dieben sicher"!

Der Förster verschwand im Schuppen.

Nicht lange, da erschien er wieder mit einem breiten Grinsen auf dem Gesicht.

„Alles in Ordnung", meinte er. Du kannst den Nabu anrufen. Dein Holzdieb ist ein Biber.

Winterwald

Der Schnee, der kam heut über Nacht,
er hat ein Wunderwerk vollbracht,
und der Spaziergang übers Feld
führt mich in eine Zauberwelt.

Zum Wald lenk ich dann meinen Schritt,
auch hier dämpft Schnee jetzt jeden Tritt.
Die kalte Last auf Ästen, Zweigen
zwingt nun die Bäume zum Verneigen.

Die weiße Welt wirkt wie erstarrt,
doch unterm Schnee manch Knospe harrt.
Und nur das Bächlein plätschert munter,
erzählt dabei vom Frühlingswunder.

Der Sonne es nur schwer gelingt,
dass sie die Wolken heut durchdringt.
Jedoch, sie schafft es immer wieder
und scheint bis auf den Boden nieder.

Bläst dann ein Windhauch sanft und sacht,
entfaltet sich die Glitzerpracht.
Denn Schneekristalle mich umgeben,
die funkelnd von den Zweigen schweben.

Doch für die Tiere weit und breit
beginnt jetzt eine harte Zeit.
Der Siebenschläfer, der ist schlau,
verschläft die Zeit im warmen Bau.

Ein Kind wird geboren

Wir schreiben das Jahr 1945. Der unselige Krieg nähert sich seinem Ende. Zu dieser Zeit ist in privaten Haushalten selten ein Telefon zu finden.

In den ersten Tagen des neuen Jahres wandert bei Schnee und Eis eine kleine Gruppe, bestehend aus einer hochschwangeren Frau, ihrem erwachsenen Bruder und ihrem zwölfjährigen Sohn, die vier Kilometer von einer kleinen Siedlung zur nächsten Stadt. Als sie dort ankommen, geht es bereits auf Mitternacht. In der Dunkelheit wirken die Straßen der Kleinstadt wie ausgestorben. Es herrscht klirrende Kälte.

Immer wieder zwingen die Wehen die Gruppe zum Halt. Zitternd und stöhnend hält die Frau inne. Ist es die Kälte oder die Aufregung, die die Frau zum Beben bringt?

Ihr Ziel ist die Weststrasse. Dort wohnen ihre Schwiegereltern. Bis dahin muss sie es schaffen.

„Lauf schon immer zur Hebamme und benachrichtige sie", presst sie, an ihren Sohn gewandt, heraus. Der rennt los.

Endlich sind sie angekommen. Als die Frau und ihr Bruder bei den Schwiegereltern eintreten, lässt wieder eine Wehe die Schwangere vor Schmerzen stöhnen.

„Was is'n", fragt der Schwiegervater. „Haste die Kneipe"?

Doch die Schwiegermutter schiebt ihn zur Seite und die Schwiegertochter ins Schlafzimmer. Kaum liegt die Kreißende im Bett, da bemüht sich der neue Erdenbürger von selbst in diese Welt.

Abb. 18 – Illustration, Eddingstift, laviert
von Ingrid Groschke

Es ist ein Mädchen.

Erleichtert und glücklich hält die junge Frau ihr Baby im Arm, als die Hebamme ins Zimmer tritt.

„Na, so gefällt ihnen das, nicht wahr?", strahlt sie die Eintretende an.

„Nein, ganz und gar nicht."

Die Hebamme bleibt ernst, nimmt das Kind und gibt ihm ein paar Klapse auf den Po. Der Säugling spuckt, spuckt Schleim, dann kommt der erste Schrei. Nun erst kann das neue Leben beginnen. Wer weiß, was es alles für den kleinen Neuankömmling bereithält.

Der Himmel über mir

Ich lieg auf der Wiese im duftenden Gras
und schicke die Träume auf Reisen.
Der Himmel, der wölbt sich wie blauer Topas,
hoch oben zwei Kraniche kreisen.

Ein einsames Wölkchen, so weiß wie der Schnee,
das segelt ganz langsam heran.
Dann kann ich kaum glauben, was ich jetzt da seh'.
Es wirkt recht bedrohlich alsdann.

Die Wolke, sie wächst, sie wird dunkler im Nu
und aus ihrem schwarz-grauen Bauche,
da tröpfelt nun Regen auf mich immerzu.
Ein Wind bläst mit tödlichem Hauche.

Und jeder der Tropfen verbrennt meine Haut,
zerstört auch ringsum allen Raum.

Da singt eine Amsel so gänzlich vertraut.
Es war ja zum Glück nur ein Traum.

Im Spreewald

Der Spreewald zieht seit langer Zeit viele Menschen in seinen Bann. Schon von alters her kamen die Maler, um das idyllische Fleckchen Erde mit seinen mystischen Wäldern und dem Labyrinth aus Fließen auf ihre Leinwand zu bannen.

Auch mir hat es diese einmalige Landschaft angetan und wie so oft, sitze ich wieder einmal mit meinen Malutensilien am Ufer eines Spreefließes. Gibt es etwas Schöneres, als draußen im Grünen im Sonnenschein zu malen?

Abb. 19 – „Im Spreewald"
Gemälde in Öl von Ingrid Groschke

Dort ist man eins mit der Natur und kann Kraft und Freude in sich aufnehmen.

Der Wind spielt sanft im Haar. Bienen, Hummeln und andere Insekten summen und brummen ihre Sommerwiesenmelodien. Auf dem Wasserspiegel des Fließes tanzen unzählige glitzernde Sonnenfunken.

Ich male und male. Dabei merke ich, wie sich die drei Beine meines Anglerhockers langsam immer tiefer in den lockeren Boden drücken. Ich könnte aufstehen und die Stellung meiner Sitzgelegenheit ändern, aber das Malen geht gerade so gut von der Hand. Diesen Arbeitsfluss möchte ich nicht unterbrechen. Endlich bin ich so weit fertig. Den verbleibenden Rest kann ich zuhause erledigen. Dann habe ich in der Zwischenzeit auch etwas an Abstand gewonnen.

Aber, oh je, inzwischen bin ich so tief eingesunken, dass ich nicht mehr hochkomme.

Es nützt nichts, ich lasse mich auf die Seite kullern, denn erst dadurch vermag ich aufzustehen. Hoffentlich hat mir keiner zugesehen. Nein, zu Glück nicht. Das wäre mir sehr unangenehm.

Von der Erle dort drüben erhebt sich eine Elster und fliegt schackernd davon. Die lacht mich doch tatsächlich aus.

Kater Paul

Das Wetter ist so schön, da werde ich gleich meinen obligatorischen Gang durch den Garten und über die Wiese machen. Jetzt im Frühling gibt es täglich Neues zu entdecken – ein Baum beginnt seine Blütenpracht zu entfalten, oder ein neues Pflänzchen sprießt aus der Erde.

Kaum bin ich im Garten, da taucht aus dem „Ich weiß nicht woher" mein Kater Paul auf. Wie selbstverständlich läuft er mit aufgerichtetem Schwanz vor mir her. Die Schwanzspitze wippt im Takt seiner Schritte.

Sein Fell ist dunkel getigert, der Bauch hat dagegen einen Tick ins Gelbliche. Paul ist ein stattlicher Kater mit einem Hängebäuchlein, das entsprechend seines Laufrhythmus mal rechts, dann wieder links von seinem Körper hervorlugt.

Plötzlich liegt er vor mir flach auf dem Boden.

„Kraule mich!", heißt das.

„Bist du nicht gescheit, fast wäre ich auf dich draufgetreten!"

Nach ein paar Streicheleinheiten gehe ich weiter. Nun beeilt sich mein Kater, um gleich darauf wieder vor mir her zu laufen. Auf dem Rückweg steuert er einen der Stühle an, die verteilt im Garten stehen. Ich setze mich, er springt mir auf den Schoß und schon beginnt das Schmusen. Das ist nämlich der Grund, weshalb er so gern mit mir durch den Garten spaziert.

Beim Weitergehen hat er es dann nicht mehr so eilig und muss nun auch nicht mehr unbedingt vor mir herlaufen. Immer öfter bleibt er zurück, weil ihn irgendetwas Interessantes lockt.

„Was wird nun mit dir, Katerchen?", mahne ich ihn.

Schnell kommt er angeflitzt, bis er irgendwann gänzlich zurückbleibt. Zuviel Interessantes gibt es im Garten und auf der Wiese zu entdecken.

Den nächsten Spaziergang machen wir garantiert wieder gemeinsam.

Das Geschenk

In einer monderhellten Nacht
da schläft im Bett ganz friedlich
Herr Krause, und er schnarcht ganz sacht.
Das klingt beinahe niedlich.

Doch durch das off'ne Fenster kommt
sein Kater nun herein.
Und für sein Herrchen bringt er prompt
ein Mitbringsel mit heim.

Herr Krause aber grunzt und träumt
und hat die Augen zu.
Der Kater keine Zeit versäumt
er gibt noch keine Ruh.

Ne Ratte hat er mitgebracht.
Zum Glück ist sie schon tot.
Er spielt mit ihr, nicht grade sacht.
Das ist schon ein Chaot.

Der Kater wirft sie hoch und weit,
sie fällt ins Bett direkt.
Herr Krause schläft die ganze Zeit,
bis er sie früh entdeckt.

Der Mann, er findets gar nicht nett,
er ekelt sich ganz schlicht.
Ein „Mäuschen" hät er gern im Bett,
ne Ratte aber nicht!

Der Küchentisch

Endlich, nach einem langen, harten Winter war es Frühling geworden. Die Sonnenstrahlen wärmten schon. Überall zwitscherte, schnarrte und pfiff es und in den Vorgärten blühten Tulpen und Narzissen.

Lisa stand vor dem Haus am Gartenzaun und blinzelte in die Sonne. Sie wartete auf Karolin, ach, da kam sie ja schon um die Ecke. Die beiden Mädchen besuchten die sechste Klasse und waren Freundinnen. Sie wollten an diesem Nachmittag gemeinsam auf den Rummel gehen. Seit mehreren Tagen lockten an den Straßenrändern bunte Plakate zur Frühlingskirmes.

„Na, dann können wir ja starten", begrüßte Lisa ihre Freundin, als diese heran war.

„Bist du mit deinen Hausaufgaben schon fertig?" fragte Karolin.

„Nö, ich muss noch Mathe machen", war Lisas Antwort. „Aber das erledige ich dann schnell vor dem Schlafengehen."

„Ich bin auch noch nicht ganz fertig. Bei dem Wetter hält man es doch drinnen gar nicht aus", lachte Karolin.

„Ach, sieh mal, die Wohnung von der alten Frau Schulze wird ausgeräumt", sagte Lisa und wies auf etliche Möbel, die am gegenüberliegenden Straßenrand standen. „Sie ist vor etwa drei Wochen gestorben." Das Mädchen steuerte direkt auf die alten Sachen zu.

Ein kleiner lindgrün gestrichener Küchentisch, der wahrscheinlich aus den zwanziger Jahren stammte, hatte es ihr angetan. Im unteren Drittel gab es eine Ablage und einen Schubkasten hatte er auch.

„Der wäre in meinem Zimmer genau der richtige für meine Blumen", meinte Lisa und besah ihn sich eingehend von allen Seiten.

„Wer weiß, was mit dem Zeug hier wird."

In diesem Moment schleppte ein älterer Mann unter Ächzen und Stöhnen einen verblichenen Sessel zur Haustür heraus. Er musste wohl Lisas Interesse für den Tisch bemerkt haben. Nachdem er seine Last mit einem Seufzer abgestellt hatte, meinte er: „Na kleines Fräulein, falls dir hier etwas zusagt, kannst du es gern haben. Das kommt sonst alles auf den Sperrmüll."

„Das ist ja großartig!" Lisas Augen strahlten. „Komm Karolin, fass mit an. Den tragen wir gleich in mein Zimmer. Wenn wir gegen Abend zurück sind, schrubbe ich ihn erst mal ab."

Karolin war von dem „Prachtstück" nicht so überzeugt, doch ihrer Freundin zuliebe half sie, das gute Stück hinüber in das Einfamilienhaus, die Treppe hoch, bis in Lisas Zimmer zu schaffen.

„So, nun aber los!", meinte Karolin, als sie den Tisch im Zimmer abgesetzt hatten. „Hörst du nicht, wie uns der Rummel ruft"?

Und tatsächlich, wenn man ganz leise war, konnte man die Musik auch hier hören, obwohl das Fenster geschlossen war.

Als Lisa am Abend nachhause kam, deckte die Mutter gerade den Abendbrottisch. Das Mädchen wusch sich die Hände und half ihr. Beim Essen erzählte sie mit leuchtenden Augen den Eltern von ihrer Neuerwerbung.

„Nachher werde ich den Tisch gleich abwaschen", meinte sie.

Zustimmend nickte die Mutter. Die Eltern freuten sich mit ihr über die Gelegenheit, so billig an das Möbelstück herangekommen zu sein.

Kurze Zeit später stand Lisa mit einem Eimer Seifenwasser, Bürste und Lappen in ihrem Zimmer und besah sich ihr Tischchen in aller Ruhe. Es war nicht sehr groß, gerade richtig für ihr Zimmer.

Sie versuchte, den Schubkasten aufzuziehen, doch der klemmte. Sie ruckelte und zerrte. Nur langsam bekam sie ihn auf. Jetzt sah sie, dass sich hinten ein Stück Papier zwischen Tischplatte und Kasten verklemmt hatte. Es gelang ihr, den Kasten gänzlich aufzuziehen, und konnte nun das Blatt aus dem ansonsten leeren Kasten vorsichtig herausnehmen. Nachdem sie den zerknautschten Zettel glattgestrichen hatte, entdeckte sie, dass er mit verschnörkelten Buchstaben bedeckt war. Als Lisa den Text entziffert hatte, bekam sie große Augen. „Das Blatt der tausend Wünsche" stand da dick gedruckt. In dem Anfangsbuchstaben lehnte als Zeichnung ein schwarzer Geselle mit einem Umhang. Die Arme hielt er lässig verschränkt.

Unter der Überschrift stand in einer altertümlichen Ausdrucksform, wie das Blatt zu handhaben sei.

Mit Mühe wühlte sie sich durch den Text, und allmählich gelang es ihr, den Sinn der Worte zu erfassen. Wie es schien, vermochte man sich wohl mit diesem Stück Papier tatsächlich Wünsche zu erfüllen. Lisa bekam eine Gänsehaut. So etwas gab es doch gar nicht. Nachdem sie alles zum dritten Mal gelesen hatte, überlegte sie, ob sie es nicht doch ausprobieren sollte. Was könnte sie sich denn wünschen? Da fiel ihr ein, dass sie ja noch Mathe-Aufgaben zu erledigen hatte. Das war die Gelegenheit. Wie in der Beschreibung angegeben, schloss sie die Augen und legte ihre Hand auf den schwarzen Gesellen. Bildete sie sich das ein, oder wurde ihre Hand wahrhaftig ganz warm? Ihr Herz pochte plötzlich bis zum Hals. Doch couragiert ließ sie die Hand liegen und sprach mit fester Stimme: „Ich wünsche mir, dass die Hausaufgaben für Mathe schon fertig sind."

Einen Moment wartete Lisa noch, dann öffnete sie vorsichtig die Augen und nahm die Hand vom Blatt. Da war ihr, als ob sich der schwarze Kerl bewegt hätte. Oder lag das an dem Schummerlicht, das sie narrte? Draußen wurde es langsam dunkel.

Nachdem sie das Licht angeknipst hatte, holte sie mit vor Aufregung zitternden Händen das Matheheft aus ihrem Schulrucksack. Mit fahrigen Bewegungen blätterte sie Seite für Seite um. Und dann, sie mochte es kaum glauben, sah sie es. Die Hausaufgaben standen fix und fertig, im Heft – überdies in ihrer Handschrift. Doch richtig freuen konnte sie sich darüber nicht. Im Gegenteil, es wurde ihr unheimlich.

Um sich abzulenken, begann Lisa den Tisch mit Seifenlauge abzuschrubben. Aber das nützte nichts, ihre Gedanken drehten sich stets um das soeben Erlebte. Es war für sie unfassbar, wie so etwas geschehen konnte, und hatte sich die schwarze Gestalt tatsächlich bewegt?

Am Fußende ihres Bettes, neben dem Fenster war der geeignetste Platz für das Tischchen.

Nun wurde es aber höchste Zeit für sie, sich für das Bett zurechtzumachen.

In dieser Nacht schlief das Mädchen sehr unruhig. Der schwarze Kerl vom „Blatt der tausend Wünsche" spukte durch ihre Träume. Als am Morgen der Wecker klingelte, fühlte sie sich matt und zerschlagen.

In der Schule, im Matheunterricht, war Lisa eine der wenigen Schülerinnen, die die Hausaufgaben richtig hatten. Die Klassenlehrerin bat sie, den Rechenweg an der Tafel zu erläutern. Uff – da stand sie nun und hatte keine Ahnung. Mit hochrotem Kopf stammelte sie etwas von „wieder vergessen" und war froh, als sie sich setzen durfte. So eine Blamage! Für Hausaufgaben war das Wunschblatt demnach nicht zu gebrauchen. Mit gesenktem Kopf saß Lisa da und wagte, nicht einmal Karolin von ihrem gestrigen Fund im Tischkasten zu berichten.

„Das glaubt mir kein Mensch", dachte sie.

„Was hast du nur?", fragte die Freundin. „Bist du krank?"

‚Wenn du wüstest‘, dachte Lisa und schwieg.

Als sie am Nachmittag in ihrem Zimmer vor dem Tischchen saß, kreisten ihre Gedanken unentwegt um dieses Wunschblatt.

„Ich muss mir etwas Richtiges wünschen – einen Ring vielleicht. Ja, so einen, wie ich ihn schon lange gern hätte, einen silbernen mit einem Mondstein."

Das Mädchen holte entschlossen das Papier aus dem Schubkasten, legte die Hand auf die Abbildung und schloss die Augen. Erneut fühlte sie die Wärme, während sie laut und deutlich sprach: „Ich wünsche mir einen silbernen Ring mit einem Mondstein".

Als Lisa die Augen öffnete und die Hand vom Bild nahm, erschrak sie. Der schwarze Mann mit dem Umhang war ein Stück größer geworden, und er schien sogar zu grinsen. An ihrer linken Hand glänzte ein silberner Ring mit einem bläulich schimmernden Mondstein.

Nun war ein Herzenswunsch in Erfüllung gegangen, wenn nur dieser schwarze Kerl nicht gewesen wäre. Er wurde ihr immer unheimlicher. Sie beschloss, Karolin doch alles anzuvertrauen.

Sie nahm ihr Handy und schickte der Freundin eine SMS: „Bitte komm schnell, habe Wichtiges zu erzählen!"

Es dauerte nicht lange, da kam die Antwort: „OK, bin gleich da."

Als ihr Lisa kurze Zeit später die Haustür öffnete, stand Karolin die Neugier deutlich ins Gesicht geschrieben.

„Was gibt es denn so Wichtiges?", fragte sie.

„Komm erst mal rein!" Mit diesen Worten zog Lisa die Freundin ins Haus.

„He, du hast ja einen geilen Ring!" Karolin staunte, doch Lisa schob sie stumm in ihr Zimmer. Sie nahm das Blatt der tausend Wünsche aus dem Tischkasten, zeigte es ihrer Freundin und erzählte ihr alles.

Karolin bekam große Augen. „Das ist ja nicht zu glauben!", meinte sie dann. „Der Kerl mit seinem Umhang ist mir auch unheimlich. Trotzdem würde ich so eine Zauberei gern mal mit eigenen Augen sehen. Könntest du nicht für mich auch so einen Ring herbeiwünschen? Aber ich hätte gern einen mit einem roten Stein."

„Na ja", meinte Lisa zögernd. Um Karolin von der Wahrheit ihrer Geschichte zu überzeugen, willigte sie schließlich ein. Wieder legte sie die Hand auf die schwarze Zeichnung. Es war ihr aber recht mulmig dabei. Doch dann überwand sie sich, schloss die Augen und sprach: „Ich wünsche mir für meine Freundin einen Silberring mit einem roten Stein."

Mit einem kleinen Aufschrei zog sie die Hand zurück. Die Abbildung war richtig heiß geworden. Nun sah man es deutlich. Der schwarze Kerl war erneut gewachsen, und er grinste hämisch.

Die Freundinnen blickten sich erschrocken an. Es grauste ihnen. Doch an Karolins Hand funkelte der Ring mit dem roten Stein. Die Freude hielt sich jedoch in Grenzen.

Da kam Lisa plötzlich eine Idee.

„Am liebsten wäre ich das Blatt wieder los. Ob wir es verbrennen?"

Die Freundin nickte: „Wer weiß, wie das sonst noch mit dem schwarzen Mann wird, und richtige Freude bereiten diese schnell erfüllten Wünsche auch nicht".

Lisa sah sich suchend um. „Ich hatte doch irgendwo ein Feuerzeug!"

Im obersten Schreibtischkasten fand sie es. Auf ihrem neuen Tisch stand eine Keramikschüssel mit Äpfeln. Das Obst wurde herausgenommen. In die Schüssel legten sie das Zauberblatt und zündeten es an.

Blaue Flämmchen züngelten, gierig nach Nahrung suchend, hin und her. Sie wurden zur Flamme und plötzlich entstand dunkler Qualm, in dem die Mädchen das vom Schmerz verzerrte Gesicht des Schwarzen erkennen konnten. Sie hörten ihn laut aufstöhnen. Dann war der Spuk zu Ende, das Feuer erloschen.

Vor Furcht hielten sich Lisa und Karolin umfasst.

Abb. 20 – "Plötzlich entstand schwarzer Qualm, in dem die beiden das Gesicht des Schwarzen erkennen konnten."
Eddingstift, Aquarell von Ingrid Groschke

Später nahm Lisa zögernd die Schüssel mit den Ascheresten, schüttete sie in die Toilette und spülte alles hinunter.

Die Mädchen atmeten erleichtert auf. Aber was war das? Mit dem Spuk waren auch ihre Ringe verschwunden. Im ersten Moment guckten die beiden bedeppert. Lisa lachte als erste, dann fiel Karolin ein. Es war ein erlösendes, befreiendes Lachen.

„Am besten, wir wünschen uns von unseren Eltern zum nächsten Geburtstag solch einen Ring. So wissen wir genau, dass alles mit rechten Dingen zugegangen ist", beschlossen sie.

„Und mein neuer Tisch gefällt mir ohne den geheimnisvollen Inhalt in seinem Kasten auch viel besser", setzte Lisa hinzu.

Schlachtfest

Nicht allzu lange ist es her,
ja, da erfreute es doch sehr
und war auch immer wunderschön,
wenn man zum Schlachtfest konnte geh'n.

Dort wurde dann geschlemmt, man prasste,
der Magen alles kaum noch fasste.
Das Wellfleisch, Grützwurst, Mett vom Schwein,
man stopfte alles in sich rein.

Mmm, Wurstbrühe, das war doch was.
Doch autsch, nanu, das war ja krass
und überhaupt nicht amüsant.
Ich hat' die Zunge mir verbrannt.

Nun schnell ein Bier, das war gekühlt
und alles wurd' hinweg gespült,
die Essenreste und auch Schmerzen.
Die andern lachten jetzt und scherzten.

Dann trug man große Grieben rein
und Sauerkraut noch obendrein.
Und wieder stürzte man sich drauf,
aß gleich ruck, zuck dann alles auf.

Noch lange man zusammen saß,
dort diskutierte, trank und aß.
Spät in der Nacht, da ging man heim.
Pech hatte nur das arme Schwein.

Abb. 21 – „Schlachtfest"
Linolschnitt von Ingrid Groschke

Stille oder Ruhe?

Unser Leben wird zu einem großen Teil von Maschinen- und Motorenlärm, Geschrei, lauter Musik usw. geprägt. Damit werden die leisen Töne in der Natur, wie das Flüstern des Windes, der Gesang eines Vogels oder das Rascheln des Laubes übertönt und oft von den Menschen gar nicht mehr wahrgenommen. Viele suchen daher in dieser lauten Welt, wenn ihnen alles zu viel wird, nach einem Ort der Stille.

Aus diesem Grunde werden immer mehr „Räume der Stille" eingerichtet. Doch befriedigt diese Stille meist nicht. Im Gegenteil, einige macht sie sogar nervös. Stille kann dann mitunter bedrohlich wirken.

Ein kluger Mensch sagte einmal: „Was wir suchen, ist nicht die Stille, sondern die Ruhe. Die innere Ruhe."

Als ich das las, wurde mir so richtig bewusst, was für ein großartiges Geschenk mir Mutter Natur in die Wiege gelegt hat. Andere würden sagen: „Es ist ein Geschenk Gottes."

Wenn ich an einem Fließ oder einem Wegrand sitze und male, bin ich glücklich, dann finde ich meine innere Ruhe. Ich bin eins mit der Natur, spüre den Wind auf meiner Haut, lausche auf das Zirpen einer Grille oder dem Gesang eines Vogels.

Natürlich erlebe ich diese Ruhe auch im Atelier oder am Schreibtisch, aber mitten in der Natur ist dieses Gefühl am stärksten und es hilft, die Unbilden des täglichen Lebens und auch Krankheiten besser zu ertragen.

Warten

Brauchst du vom Arzt mal einen Rat,
eventuell ganz obligat
für irgendetwas nen Termin,
sogar, wenn du ein Buch verlieh'n,

willst, dass die Bahn zum Ziel dich bringt,
musst du aufs Klo, ganz unbedingt,
vielleicht auch mit dem Flieger starten,
dann heißt es warten, warten, warten.

Wir hoffen, dass es Frühling werde,
guckt schon ein Blümchen aus der Erde?
Es regnet, wann hört's endlich auf?
Wir warten doch schon lange drauf.

Wann wird das Enkelkind geboren?
Du hoffst auf viele offne Ohren
für dein geniales Großprojekt,
in das du Fleiß und Zeit gesteckt.

Für Vieles heißt es allemal,
bis du's bekommst so ganz real,
musst du dich in Geduld erst fassen
und dich dann überraschen lassen.

Ja, so vergeht das halbe Leben,
eh man bekommt, was wir erstreben.
Die Zeit, die mischt für dich die Karten
und du musst ständig warten, warten.

Der Wecker

Hat mir doch der vadammte Wecka heute morjen aus de scheensten Treme jeholt. Sone blonde Ische hatte mir jrade so valiebt mit ihre jroßen Glubschogen anjeglotzt. Na, ick war vleicht varickt. Mit een Wisch ha ick denn de Bimmelei von Nachtisch jefegt.

Da hatte ick so richtich n Salat. Der Radaufritze war nu zwar stille, aba nur, weil de Batarie rausjeflogen war.

Nu bejann das jroße Suchen zwischen meine abjelechten Kluntan, n paar Pornos und den Knabberresten von verjangnen Abend. Ick hats mir jestern ma so richtich jemitlich jemacht.

Endlich hat ick se in mein Latsch jefunden. Klar doch det ick des Ding erst ma falsch rum rinjesteckt habe. Aba denne hats jeklappt un det jute Stick lief wieda.

Endlich konnt ick mir vor de Arbet fertig machen. Wie alle Morjen um die Zeit preschte ick zum Bus.

Nanu? Ick sahn noch hinten um de Ecke biejen, un denne wara wech.

„Na der Tach fängt ja jut an!", gings ma durchn Kopp.

Aba denne fiels ma ein: „Keen Wunda, der Wecka hatte ja ooch ne janze Zeit pausiert, bis ick de Batarie wieda drinne hatte"!

Das traute Heim

Das traute Heim von Gustav Knorke
befand sich zwischen Baum und Borke
in einem hohen Kiefernbaum,
ganz exquisit am Waldessaum.

Jedoch war er hier nicht allein,
es hatten hier ihr prächtig' Heim
noch hundertneunundneunzig Brüder,
und täglich ließen mehr sich nieder.

Sie fraßen sich nun dick und drall,
doch für den Baum war das fatal.
Er schwächelte, es war ein Graus,
sein Lebenslicht, das ging bald aus.

Zum nächsten Baum zog man bereits,
denn totes Holz hat keinen Reiz.
Darum kam es nun hierzulande
zum Waldestod durch diese Bande.

Maschinenlärm war dann zu hören,
des Borkenkäfers Ruh zu stören.
Man fällte alle kranken Bäume
und schredderte auch Käferträume.

Besinnung

Ach, wie war es doch vor Zeiten
so schön still in unsren Breiten.
Luft und Wasser waren sauber,
dann jedoch begann der Zauber.

Ja, es lag an dem Erfinden,
nebenbei auch zu ergründen
was das Leben leichter macht.
Vieles hat man ausgedacht.

Anfangs war's auch wunderbar,
besser wurd' es, das ist klar.
Mit der Zeit ist es nun aber
auf der Erde sehr makaber.

Der Herr Benz tät' sich erschrecken,
könnte man ihn jetzt erwecken.
Säh', was einstmals er getestet,
heute unsre Luft verpestet.

Man erfand dann immer schneller
Plastik, daraus Tüten, Teller,
neue Sachen, mehr und mehr.
Anfangs freute es uns sehr.

Beifall hat man auch gezollt,
doch nun werden überrollt
Mensch, Natur und auch das Tier.
Immer mehr Gefahr droht hier.

Zwölf schlägt es in fünf Minuten
und die Menschheit muss sich sputen.
Soll das Leben weiter gehen,
muss ganz dringend was geschehen.

Wieder ist er sehr gefragt
Erfindergeist. Ganz unverzagt
müssen wir uns jetzt besinnen
und das Leben neu beginnen.

Werden schnell verzichten lernen,
dass auch weiterhin in fernen
Zeiten alle hier auf Erden,
froh und glücklich leben werden.

Gabriele Friedrich

1951	in Werdau/Sachsen geboren
1970	Abitur
1970/75	Studium an der PH Dresden und Kunsthochschule, Mitarbeit im Lyrikzirkel
1975/89	Fachlehrerin für Deutsch/Kunst, Leiterin von Kunstarbeitsgemeinschaften
1990	Lehr- und künstlerische Freizeittätigkeit am Oberstufenzentrum Lübbenau, Filiale Lübben Lehrtätigkeit für Deutsch an der Krankenschwesterschule/Spreewaldklinik
seit1991	Qualifizierung zur Fachlehrerin der gymnasialen Oberstufe am Paul- Gerhardt-Gymnasium Lübben Kunstprojekte in Schrift und Bild
seit 2013	im Ruhestand
seit 2014	gestaltungstherapeutische Tätigkeit an der Rehaklinik Lübben Beginn des literarischen Schreibens

Selbstfindung

Durch das Fenster ihrer kleinen Dachgeschosswohnung verfolgt sie die am strahlend blauen Himmel dahinziehenden Wolken. Es ist ein warmer Julitag.

Vor ein paar Monaten hat sie ihre Heimat, Albanien, verlassen. Dort war sie als junge Medizinstudentin recht erfolgreich, wird aber jetzt das Gefühl der Leere und Unfähigkeit nicht los. Wovor hat sie Angst?

Obwohl sie einen Deutsch-Kurs online absolviert hat, reichten ihre fachsprachlichen Fähigkeiten für das Bestehen der Prüfung wiederholt nicht aus. Und erst recht nicht für ihre zukünftige Arbeit als Assistenzärztin in einer Klinik.

Wenn Deutschland das Land ist, in dem sie gute Chancen für den beruflichen Erfolg haben soll – wie gelingt ihr dann, das Lernen besser zu lernen, die deutsche Sprache mündlich immer angemessener in verschiedenen Lebenssituationen zu beherrschen – die Angst vor erneutem Versagen zu besiegen?

Wird sich ihre Zukunftsvision, als Assistenzärztin in Deutschland erfolgreich zu arbeiten, erfüllen oder muss sie als Verliererin nach Albanien zurückkehren?

Ihre Gedanken kreisen unentwegt. Sie fühlt sich wie zwischen Baum und Borke.

Gibt es einen Lichtblick? Eine Lösung? Seit August lernt sie lebensverbunden die deutsche Sprache, wie sie es zuvor nicht kannte.

Sie beginnt, sich neu zu entdecken und ganz langsam wachsen in ihr Mut und Zuversicht. Erste Erfolge werden spürbar und ein Lächeln huscht jetzt häufig über ihr Gesicht.

Draußen wird es nun zunehmend frischer. Kräftige Regenschauer wischen den Staub des Sommers von den Blättern. Der September naht und damit auch ihre letzte Chance.

Abb. 22 – „Selbstfindung"
Eddingstift, Aquarell von Ingrid Groschke

Gisela Christl

genannt „Spreewald-Christl", 1953 geboren in Lübben und noch heute dort wohnend.
Studierte nach dem Abi Textiltechnik, ist verheiratet, hat zwei Kinder, war im Sozialismus als Gärtnermeisterin tätig und nach der Wende zehn Jahre als selbstständige Floristin; rutschte später durch Zufall in den Tourismus, arbeitet als Stadtführerin und Reiseleiterin.

Sie trägt die niedersorbische Tracht, spricht die Sprache der Sorben, die auch Wenden genannt werden, vermittelt Gästen und Einheimischen ihre Geschichte, Bräuche und Traditionen.
Sie ist aktiv in der Natur unterwegs, liebt jede Art Musik, vertieft sich in Lektüre und hört gerne erfahrenen Menschen zu.

Kontakt: www.spreewald-christl.de

Nachgedachtes

Es gibt so Augenblicke im Leben,
die soll es manchmal geben,
da hat man einen Punkt erreicht
an dem man sagt: „Es reicht!"

Dann tut es gut mal auszuruh'n
Und einfach einmal gar nichts tun.
Innehalten und nach hinten sehen,
fragen, was bisher ist geschehen.

Was war gut bereits, was leider nicht,
lieg` ich richtig so mit meiner Sicht?
Sollt ich Altes noch behalten,
kann ich ganz neu mich entfalten?

Muss ich einen Neustart wagen
alles gründlich hinterfragen?
Was hab ich mir mal vorgenommen,
ist dann alles so gekommen?

Sich neu sortieren, Schlüsse ziehen,
nicht vor Neuem fliehen.
Bunt und spannend ist das Leben.
Was wird es mir noch geben?

Respekt

Noch brodelt es am Himmel oben,
die Sturmfee hörte man mal wieder toben.
Wir hatten Glück, kein Unheil geschah,
das große Brausen nur Regen gebar.

Verschont sind wir geblieben,
konnten ruhig in den Betten liegen.
So höre ich nun, mit großer Ruh,
dem langersehnten Regen zu.

Will dankbar sein und innehalten,
vor der Wucht der Naturgewalten.
Wer das Sagen hat, zeigte uns die Natur,
wir sind Menschen, die hier wohnen nur.

Insektomanie

Abb. 23 – „Insekten haben es schwer"
Gemälde Öl/ Acryl von Sybille Grunert

„Ich glaub ich spinne, höre ich heute die Flöhe husten, oder als was entpuppt sich dieser Tag?", sagte ich zu mir.

Ich wachte schon auf mit einem Brummen im Kopf.

„Ach, nun mach mal nicht aus einer Mücke einen Elefanten", sprach ich mir Mut zu. „Erst mal einen Kaffee."

Und das Radio an. Na bitte, da kommt ja mein Lieblingslied und prompt habe ich einen Ohrwurm.

Nun aber ran an die Arbeit. Ich will heute emsig sein wie eine Ameise. Wie von einer Tarantel gestochen springe ich also auf, mache den Computer an, jetzt geht es los.

Mein Web sagt mir, mit meiner Kritik an meinem lieben Kollegen habe ich wohl ins Wespennest gestochen. Jawohl, ich habe ihn entlarvt, der liegt jetzt wie ein dicker Käfer auf dem Rücken. Ich wusste, dass der eine Laus im Pelz hatte. Es hatte seinen Grund, dass der so anhänglich wie eine Zecke war. Jetzt macht mein lieber Kollege ne Fliege.

Ein Marienkäfer landet an meinem Fenster. Oh, wie schön, er bringt Glück, und schon spüre ich es.

Ich bekomme so langsam Hummeln im Hintern und habe gar Schmetterlinge im Bauch. Mein Liebster, mit dem ich verwanzt bin, hat sich angekündigt. Wir beide werden wie die Made im Speck leben, denn er bringt meinen Lieblingskuchen mit, Bienenstich, was sonst?